ココミル

cocomiru

箱根

創造一次美好的
旅遊回憶♪

箱根豐富的溫泉和藝術正是魅力所在

上：在天山湯治鄉的ひがな湯治 天山（P19）放鬆小憩　左下起：箱根凱悅Spa度假村（P117）的交誼廳；
和心亭 豐月（P110）的浴場；ひがな湯治 天山（P19）的咖啡廳；箱根時之雫日式旅館（P111）的客房

箱根為群山環繞的溫泉鄉，
此處充滿吸引女性的溫泉療效及服務。
此外四處散布著時尚咖啡廳和美術館，
能伴隨繡球花和杜鵑花等四季的妝點，
欣賞到無數藝術景緻。
這就找個時間，到訪和洋融合的箱根吧。

上：箱根吟遊（P25）的浴場：ひがな湯治 天山（P19）的玄關前 左下起：小田急 初華飯店（P24）的
露湯與餐點：四季を味わう宿 山の茶屋（P113）的客房：Café de motonami（P100）的聖代

前往靜靜佇立於山間的
神社參拜祈願，
箱根的神明會賜予你力量。

御守

春天的杜鵑花，配上繡球花電車。
正因為是箱根，
所以才能邂逅
濃縮四季之美的風景。

上方照片左起：參拜箱根神社（P82）；九頭龍神社新宮前（P83）的龍神水；從蘆之湖（P43、76）遠眺富士山
下方照片左起：小田急 山之飯店的杜鵑花庭園（P42）；箱根登山電車的繡球花電車（P42）

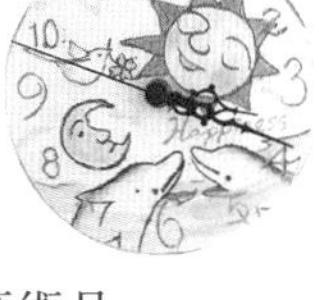

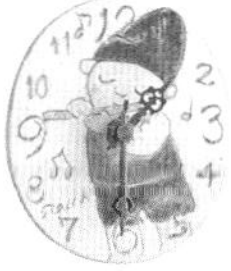

來自全球的藝術品
與大自然融為一體
綻放光彩。

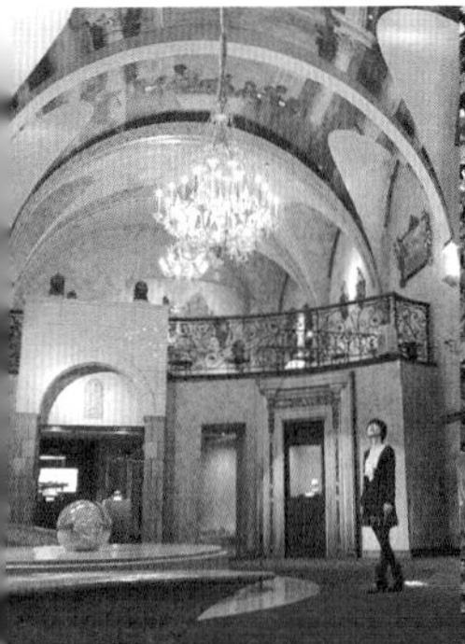

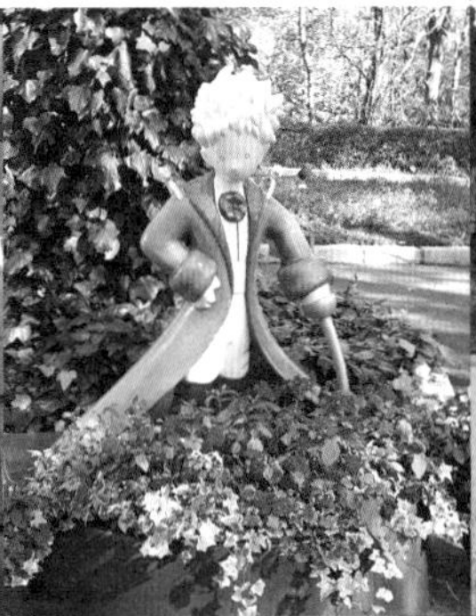

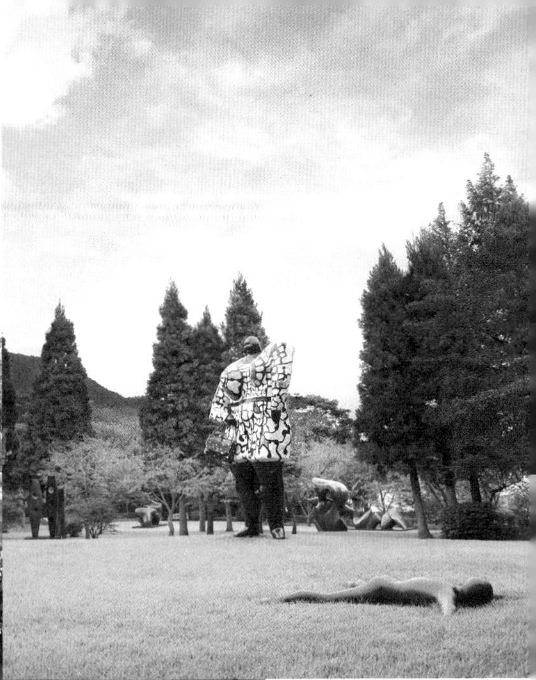

箱根的住宿散發略微成熟的氣韻。
在民宿餐廳或老字號飯店中，
享受講究的住宿時光。

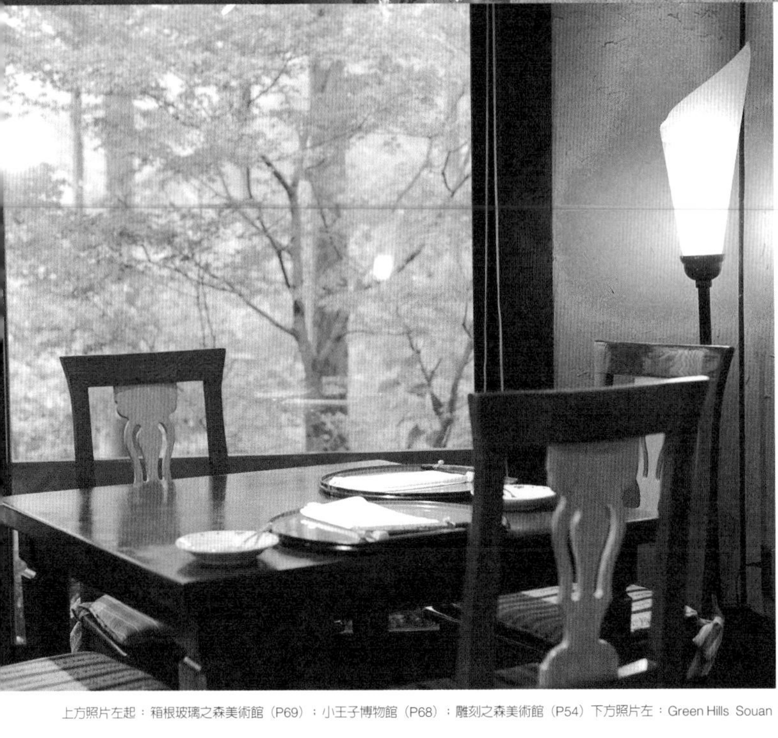

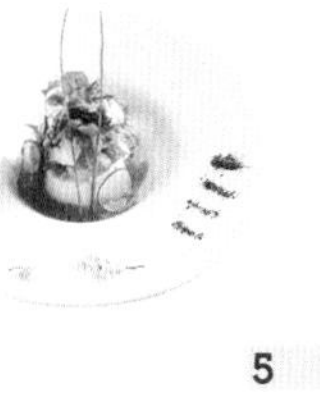

上方照片左起：箱根玻璃之森美術館（P69）；小王子博物館（P68）；雕刻之森美術館（P54）下方照片左：Green Hills Souan（P93）

箱根是什麼樣的地方？

奈良時代就已發現溫泉 距離東京最近的溫泉度假勝地

箱根是座歷史超過1200年的溫泉鄉。江戶時代的百姓以溫泉發展觀光，西式飯店於明治時代在此開業，外國觀光客絡繹不絕。箱根共有20處溫泉區，泉質與效果五花八門。住宿過夜自然不是問題，同時也設有充足的不住宿溫泉的設施，提供當日來回的遊客使用（☞P14）。

散落著充滿情調的旅店

什麼季節最美？

最推薦迎接繡球花 盛開的初夏時分

此處春夏秋冬都具魅力，能欣賞到四季各自獨有的景觀，但特別推薦於6月中旬至7月初旬到訪。可從箱根登山電車（☞P40）車窗眺望繽紛繡球花點綴出的沿途風光，這是箱根才有的美麗景緻。此外，這個季節最適合飽享蘆之湖遊船（☞P78）等戶外活動。

箱根登山電車穿梭在沿線綻放的繡球花海中
（☞P40）

造訪箱根前的 必備旅遊知識

箱根是備受歡迎的溫泉度假勝地，每年約有2000萬人造訪。
溫泉、歷史、自然、藝術等於此匯集，魅力十足。
這裡網羅出發前往箱根旅行前必備的相關資訊。

該怎麼去?

自東京地區前往可搭乘 新宿發車的小田急浪漫特快,需 時85分

如果從新宿站搭乘小田急浪漫特快至箱根湯本站,需1小時25分,不必換車便能抵達。較經濟實惠的交通方式則是乘坐新宿高速巴士轉運站發車的小田急箱根高速巴士。若是從東京、橫濱駕車前往,一般會行走付費道路的小田原厚木道路,再由箱根湯本或東名御殿場IC,朝仙石原、桃源台去(☞P122)。

小田急浪漫特快中設有展望座

觀光要花多少時間?

一日遊也可充分暢遊 如要泡湯,推薦留宿較為愜意

自東京或名古屋搭乘電車約1小時30分就能抵達箱根,當日往返雖然也可充分暢遊,但若想泡溫泉,自然會想拋開時間的壓力慢慢享受。箱根匯集了眾多住宿設施,從傳統日式旅館到度假飯店都有,類型琳瑯滿目。試著找尋符合個人理想預算、地理位置的住宿地點吧(☞P108~)。

泡完溫泉後於休息處放鬆小歇

箱根+多1天的觀光?

稍微走遠一些,去趟近郊的 御殿場或小田原吧

小田原是箱根的玄關城鎮之一,為江戶時代以宿場町而興盛的城下町,車站周圍商店林立,也有許多販售特產的海產品店。御殿場則是仙石原地區的玄關城鎮,擁有國內規模首屈一指的暢貨中心。從箱根湯本站和強羅站等車站有路線巴士運行,交通十分便利(☞P118、120)。

順道前往御殿場 PREMIUM OUTLETS (☞P120),享受購物樂趣

於舊街道旁的甘酒
茶屋(☞87)喝杯茶

箱根的魅力景點是?

務必走趟留有江戶風貌的箱根町與元箱根,充滿明治、大正懷舊氣息的宮之下也不錯

箱根是以溫泉區發展而來的城鎮,若想一飽當地
風情,就到位在蘆之湖周邊的箱根町(☞P84)
和元箱根,江戶時代旅客也不斷往返的箱根舊街
道石板路,是非常熱門的散步行程。於宮之下則
是能品味明治、大正時代的懷舊感,利用時髦建
築物開設的商店與咖啡廳(☞P48)極具吸引
力。

傳承江戶時代歷史的
箱根關所(☞P84)

宮之下(☞P48)
古董店林立

能遠眺蘆之湖的ティ
ーラウンジ季節風
(☞P80)

何處可以飽覽富含箱根風情的景緻?

箱根獨特的景色在大涌谷及仙石原,同時也有眺望富士山的絕佳地點

大涌谷(☞P58)噴發蒸氣的畫面讓人印象深
刻,仙石原(☞P43)秋季會出現廣闊的芒草
原,到訪這兩處能夠盡享箱根的大自然。另
外,也很推薦能遠望富士山的地點,其中特別
受歡迎的是元箱根港附近。港邊的景色自然不
在話下,「箱根蘆之湖 成川美術館」位在高
地,從館中的咖啡廳眺望也是令人嘆為觀止
(☞P80)。

不可錯過的交通工具是？

從上空飽覽絕景的空中纜車，還有遊覽蘆之湖的海盜船

登山電車馳騁山路，電纜車攀升極陡坡面，種類多樣的交通工具也是箱根的魅力之一。搭乘箱根空中纜車（☞P56、79）來趟空中散步，或是乘坐蘆之湖往來船隻中特別醒目的箱根海盜船（☞P78），盡情享受遊湖樂趣。

震撼力十足的
箱根空中纜車

不可錯過的美味是？

用箱根的名水孕育出當地著名的蕎麥麵和豆腐料理

箱根群山環繞，擁有豐富又美味的湧水，眾所皆知。提到此地的著名物產，就會想到好水質為關鍵的蕎麥麵（☞P94）或豆腐料理（☞P96）。這裡從高格調的豆腐料理名店，到能輕鬆單點的蕎麥麵店等應有盡有，挑選時可配合預算和心情，實在令人開心。不妨多吃幾間比較看看。

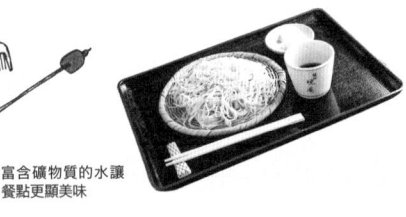

富含礦物質的水讓
餐點更顯美味

伴手禮要選什麼好？

經典款為傳統工藝的寄木細工，老牌飯店的優質商品也十分推薦

寄木細工（☞P106）是箱根獨有的傳統工藝品，自江戶時代傳承至今。以複雜的幾何圖樣組合而成的作品，完全就是藝術品。此外，代表箱根的老字號「富士屋飯店」打造出的許多優質商品（☞P52）也值得留意。肯定會有讓旅客滿意、適合買回去的伴手禮。

工匠手工製成的
寄木細工

 **第1天**

抵達箱根！

陳列許多名人的照片

10:30 箱根湯本站

自新宿站搭乘小田急浪漫特快，85分鐘即會抵達箱根湯本站（☞P36）。

自箱根湯本搭乘箱根登山電車，會行經離地面約40m的早川橋梁（☞P41）。

宮之下 11:00 SEPIA通

邊逛充滿懷舊氣息的宮之下SEPIA通（☞P48），邊散步。

11:30 富士屋飯店

參觀著名建築富士屋飯店（☞P50）內部，庭園也令人驚艷。

飯店製作的原創商品（☞P52）非常適合作為伴手禮。

NARAYA 12:30 CAFE

遊逛後在咖啡廳（☞P49）裡邊泡足湯邊享用午餐。

好吃！

午餐享用熱狗等輕食之外，也可試著品嘗甜點。

13:30 雕刻之森美術館

於廣闊的雕刻之森美術館（☞P54）中欣賞室外的藝術作品。

15:30 箱根銀豆腐

不僅屋外的雕刻作品，室內展品也值得一看，有許多必看作品。

於豆腐老店當場大啖剛做好的杓豆腐（☞P61）。

17:00 強羅環翠樓

抵達位在強羅的源泉放流式溫泉旅館後，放鬆歇息（☞P111）。

晚安

泡個溫泉，讓疲憊的身軀休息片晌，消除旅途的疲勞，讓明日也活力充沛吧。

2天1夜的
極上箱根之旅

在此為您介紹景點精挑細選的2天1夜王道行程。搭乘登山電車和空中纜車等箱根特有的交通工具，邊眺望絕美景色，邊巡遊一趟箱根的各大名勝。

第2天  早安

10:00 箱根登山電纜車

持續轉乘電纜車和空中纜車前往大涌谷（☞P58）。

10:20 大涌谷 · 煙霧翻騰

直噴而上的蒸氣，極為震撼。也別忘記品嘗據說能延長7年壽命的黑蛋（☞P59）。

11:00 箱根空中纜車

邊遠眺蘆之湖的絕佳美景，邊搭乘箱根空中纜車（☞P56、79）前往桃源台。

11:30 箱根海盜船

乘坐箱根海盜船（☞P78）暢行湖上，由於是大型船隻，因此行進時十分平穩。

12:30 箱根 明か蔵 · 豐盛的美味山珍！

午餐可品嘗選用新鮮的箱根食材所製作出的健康菜餚。（☞P98）

13:30 箱根關所

參觀位於舊街道的箱根關所（☞P79、84、86）。從遠見番眺望的景緻非常美麗！

沿著江戶時代的旅人足跡，漫步於箱根舊街道的杉木街道樹之間（☞P86）。

照相景點

元箱根港附近可看見倒映在湖面的逆富士，為觀景的絕佳地點。希望大家都能拍出好照片。

辛苦了！

在和菓子處 富貴（☞P89）大口咬下剛蒸好的蘆之湖甜饅頭。

15:30 箱根拉利克美術館

移動至仙石原（☞P62），參觀充滿個性的美術館和博物館（☞P64）。

於美術館內的咖啡廳（☞P65）喝個飲料，在商店（☞P70）中購物。

18:00 箱根湯本站

返回箱根湯本後，到訪車站前的箱根湯本商店街（☞P38）採購伴手禮。

順道到此一遊吧

第3天要不要稍微走遠一些？

想造訪城下町的人就到小田原

小田原是江戶時代繁榮的城下町。以小田原城為首，還有許多亮點。特產為魚板和乾貨等海鮮產品（☞P118）。

想購物的人就到御殿場

在富士山麓遼闊的高原上，有座日本國內規模首屈一指的暢貨中心，能夠闔家同樂。週末或打折期間要有人擠人的心理準備（☞P120）。

叩叩日本
cocomiru

箱根

Contents

如夢似幻的「天成園」露天浴池（☞P16）

邊眺看大自然，邊在「箱根湯寮」中悠哉放鬆（☞P18）

「KAEDE SPA」的原創精油（☞P25）

沐浴後放鬆身心吧「ひがな湯治 天山」（☞P19）

精油的香氣也是種療癒。「SPA MONTAGNE」（☞P25）

在「箱根伊利卡薩Spa飯店」邊欣賞夜景，邊享受晚餐（☞P20）

森林環繞的「南風莊酒店」十分靜謐，圖為露天浴池（☞P26）

「美膚之湯紀伊國屋」的美膚浴池（☞P22）

穿過「ひがな湯治 天山」的店頭布簾，踏入另一個世界(☞P19)

在「桐谷箱根莊」的美膚湯中放鬆享受(☞P23)

魅力在於類型豐富的溫泉。
溫泉一日遊，享受極致SPA時光

邊沐浴邊眺望大自然的溫泉、
預期有美容美體效果的溫泉，
從老字號溫泉旅館到度假飯店，
箱根的溫泉類型多樣。

亦能享受森林浴的露天浴池，
沉浸在以絕美景色自豪的溫泉吧

若要泡露天浴池，便會好奇可欣賞到何種景色。
於此歸納出被雄偉的群山環繞、充滿箱根風情的絕景溫泉。

涼亭處的圓形石造浴池採源泉放流

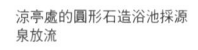

此風景無與倫比！
上方毫無遮蔽，能夠伴隨舒爽涼風與周圍綠意，盡享箱根溫泉

箱根湯本
てんせいえん
天成園

魅力在於瀑布流淌的庭園和大自然

飯店自豪的庭園中建置了「玉簾瀑布」，女詩人與謝野晶子也鍾愛此地。此外，還擁有3處以美膚之湯馳名的自家源泉，即使純泡湯最多也可待上23小時。秋楓紅、春新綠、夏藍空、冬雪景，可一邊擁抱箱根四季的大自然，一邊在長17m的屋頂天空大露天浴池、包租浴池或室內浴池盡情泡湯。

☎0460-83-8511 ⏰箱根町湯本682 ⏱10～翌9時 🈺無休 🚌箱根湯本站步行12分 🅿250輛 ●泉質：鹼性單純溫泉 **MAP** P134C2

屋頂天空大露天浴池具有長17m的傲人規模，圖為薄暮時分的景緻

餐點以御膳料理的「すくも御膳」為首，單品菜色也十分多樣（菜色會依季節、採買狀況有變動）

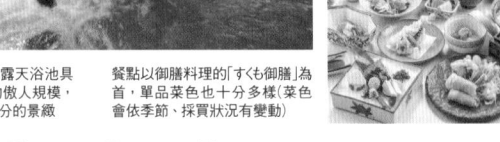

純泡湯費用
2484日圓
（超過午夜12時需支付夜間加成費1620日圓，入湯稅另付50日圓，未滿12歲者不必課稅）

❖露天浴池 2	
❖包租浴池 12	
❖室內浴池 2	
❖休息室 ○	❖用餐處 ○
❖洗髮精 ○	
❖肥皂／沐浴乳 ○	
❖洗臉巾 ○	❖浴巾 ○
❖吹風機 ○	

🈺暖身效果 🈺去角質 🈺水潤肌膚 🈺血液循環UP 🈺美白效果 🈺緊實肌膚 🈺光滑肌膚

泡湯後，
不妨輕鬆品嘗
飯店午餐。

「綠色廣場哈康酒店」也有附午餐的溫泉一日遊方案，於交誼廳「Soleil」提供單點式的午餐（主廚特製漢堡排、咖哩或義大利麵）。泡湯＋午餐1人2500日圓。

此風景無與倫比！

周遭沒有建築物，所以能清楚看見富士山，因時間和季節而改變的山巒樣貌為觀賞重點

純泡湯費用 1600日圓		
÷ 露天浴池 2	÷ 三溫暖 2	
÷ 包租浴池 0		
÷ 室內浴池 2		
÷ 休息室 ○	÷ 用餐處 ○	
÷ 洗髮精 ○		
÷ 肥皂／沐浴乳 ○		
÷ 洗臉巾 ○	÷ 浴巾 ○	
÷ 吹風機 ○		

眺看雄偉富士山的露天溫泉大浴池　　　　附設三溫暖的溫泉大浴池

仙石原 ［ほかほか つるつる］

ほてるぐりーんぷらざはこね

綠色廣場哈康酒店

眺望富士山的絕佳地理位置

佇立於標高860m的高地，自露天溫泉欣賞富士山的風景別具一格。遠看絕佳美景的同時，將身體浸入飯店自豪的溫泉裡吧。也承接一日的全身美容課程（15～22時，需預約）。

☎0570-092-489 ㊟箱根町仙石原1244-2 🕐13～18時（週三、四為15時～）㊡有公休日 🚌箱根空中纜車姥子站步行3分 🅿100輛 ●
泉質／弱鹼性／鈉碳酸氫鹽泉 MAP P140A1

底倉 ［ほかほか］

はこねてのゆ

箱根てのゆ

泡完9種浴池吧

有山岩石浴池、木桶浴池、按摩浴池等9種。約10坪的和室中設有室內浴池和露天浴池的單房式家庭池，120分3400日圓～（1個月前即可預訂）。用餐處提供對身體無負擔的和風餐點，極受歡迎。

☎0460-86-1026 ㊟箱根町底倉555 🕐11～19時（週六、日、假日為～20時）㊡不定休 🚌宮之下步行13分 🅿50輛 ●泉質：鈉氯化物泉
MAP P137D1

朧豆腐製成的健康御膳980日圓

純泡湯費用 1300日圓（週六、日、假日為1700日圓）		
÷ 露天浴池 6		
÷ 包租浴池 3		
÷ 室內浴池 2		
÷ 休息室 ○	÷ 用餐處 ○	
÷ 洗髮精 ○		
÷ 肥皂／沐浴乳 ○		
÷ 洗臉巾 ○	÷ 浴巾 ○	
÷ 吹風機 ○		

此風景無與倫比！

由於位在高地，因此明星岳等箱根群山盡在眼前。也有能夠遠望竹林的露天浴池

源泉放流式的大岩石浴池

此風景無與倫比！

後方聳立溫泉坂山，前方則為白銀山，山勢與天空交織出壯麗的景觀

純泡湯費用 1450日圓（包租浴池費用另計 45分1100日圓）		
÷ 露天浴池 12		
÷ 包租浴池 1		
÷ 室內浴池 2		
÷ 休息室 ○	÷ 用餐處 ○	
÷ 洗髮精 ○		
÷ 肥皂／沐浴乳 ○		
÷ 洗臉巾與浴巾 200 日圓		
÷ 吹風機 ○		

箱根湯本 ［ほかほか］

ゆのさとおかだ

湯の里おかだ

擁有5處自家溫泉與6種浴池

位處湯坂山山腰、坐擁大自然的住宿設施。於此能享受按摩浴池、岩石浴池等6種露天浴池，也可遠望雄偉的群山。此外還設有免費休息室「黑之座敷」，亦能晨間入池（需洽詢）。

☎0460-85-3955 ㊟箱根町湯本茶屋191 🕐11～23時 ㊡不定休 🚌箱根湯本站搭乘旅館公會繞行巴士5分 🅿50輛 ●泉質：弱鹼性單純溫泉 MAP P134B3

空間寬敞的露天浴池，營業至23時，實在令人開心　　免費休息室「黑之座敷」

📖 「天成園」中備有專門為寵物設置的免費住宿設施「汪汪之家」（寵物不可攜入飯店內）。

在十足寬敞、設備完善的環境中悠～哉泡湯一整天

前往綠意盎然的溫泉鄉來趟一日遊，造訪靜靜座落的溫泉吧。
盡情享受溫泉後，再到餐廳或休閒設施歇息片刻。

塔之澤
はこねゆりょう
箱根湯寮 ⚑

鬱鬱蔥蔥中
古民宅風格的放鬆好去處

大浴場「本殿 湯樂庵 大湯」設有能夠欣賞近處森林景色的岩石浴池、瞭望浴池和飄散香氛蒸氣的「熱之室」等別出心裁的設施，同時還有可以悠哉放鬆的獨立式露天包租浴池「獨立湯屋 花傳」。共有19間包租浴池。

☎0460-85-8411 住箱根町塔之澤4 ⏰10～21時(週六、日、假日～22時。受理時間至1小時前截止) 休無休(12月有設施維修期) 🚃塔之澤站步行5分 🅿92輛 ●箱根湯本站免費接送 ●泉質：鹼性單純溫泉
※未滿6歲孩童不可至大浴場入浴
MAP P134C1

▲林木近在眼前，可以體驗森林浴的山景浴池

純泡湯費用

大浴場 1400日圓 (獨立式露天包租浴池) (1小時4000日圓～)
❖露天浴池 8	○	❖洗髮精	○
❖包租浴池 19	○	❖肥皂／沐浴乳	○
❖室內浴池 2	○	❖洗臉巾 250日圓	
❖休息室	○	❖浴巾 450日圓	
❖用餐處	○	❖吹風機	○

像這樣放鬆身心吧

獨立式露天包租浴池
共有三種浴池，費用會因房間大小而異，預訂時可告知期望類型

休閒設施
以溫泉暖和身體後，前往「ほぐし庵ゆるるか」。提供30分～的方案

休息房
位於「本殿 湯樂庵 大湯」的免費榻榻米休息空間，也設有女性專用空間

◀獨立湯屋花傳「花水木」的獨立式露天包租浴池，也能飽覽戶外景色

▲雙人用獨立式露天包租浴池「菫」，設有滋賀縣生產的羽釜浴池

天山湯治鄉是這樣的地方

猶如夾在湯坂山與須雲川間的溫泉設施。占地8000坪的用地上設有2處純泡湯處，分別是餐廳充足的「ひがな湯治 天山」，和能更加純粹地享受泡湯樂趣的「かよい湯治 一休」。7處源泉每日會湧出共48萬公升的溫泉，每座浴池的泉質和溫度都大不相同，令人感到雀躍。

ひがな湯治 天山 | かよい湯治 一休

還留湯治羽衣 入口

徒步 車源本入口

50m

箱根湯本
ひがなとうじ てんざん

ひがな湯治 天山

於各自喜好的場所中放鬆身心，悠閒自在地沐浴泡澡

8000坪的用地坐擁豐富的大自然，還有種類多樣的源泉，在從這些源泉引流的溫泉設施裡，能享受到5處男湯、6處女湯。其中一處源泉甚至可以飲用，是箱根首處獲得飲用認證的溫泉。對胸悶、宿醉或胃酸過多都具緩解的效果。在販賣部一隅設有自助飲用的空間。

☎0460-86-4126 住箱根町湯本茶屋208 ⏰9～23時(受理時間為～22時) 休無休(12月中旬會公休5日) 交搭乘湯本旅館公會繞行巴士約10分，或巴士站奧湯本入口步行3分 P140輛 ●泉質：鈉氯化物泉、鹼性單純溫泉 MAP P134B3

▲悠閒地待在休息空間中眺望外頭的景色吧

像這樣放鬆身心吧

休息所

泡湯後就到免費的休息處「ざしきぼっこ」放鬆歇息吧

洞窟浴池

洞窟浴池為鈉鹽泉，僅有女湯，具暖和身軀的效果。可至此盡享泡湯樂趣

▲室內浴池為提供出浴前沖洗身體用，因此水溫偏高

·純泡湯費用（入場費）· 1300日圓 (可前往一休的平日限定套票 單程票+100日圓，來回票+300日圓)		
露天浴池 9	肥皂／沐浴乳 ○	
包租浴池 ×	洗臉巾 200 日圓	
室內浴池 2	浴巾 350 日圓～	
休息室 ○	吹風機 ○	
用餐處 ○		
洗髮精 ○		

箱根湯本
かよいとうじ いっきゅう

かよい湯治 一休

可以閑靜地享受溫泉，僅有浴池的簡樸泡湯處

此設施僅能享受溫泉沐浴，未設置休息區域。整體呈現溫泉療養地的風格，內有復古檜木浴池，其對面則是露天浴池。欲悠哉歇息者，可將天山一同納入行程。

·純泡湯費用（入場費）· 1100日圓 (可前往天山的平日限定套票 單程票+300日圓)		
露天浴池 4	洗髮精 ×	
包租浴池 ×	肥皂／沐浴乳 ○	
室內浴池 2	洗臉巾 200 日圓	
休息室 ×	浴巾 350 日圓～	
用餐處 ×	吹風機 ○	

☎0460-85-8819 住箱根町湯本茶屋208 ⏰11～20時(週六、日、假日～21時，受理時間截止至前1小時) 休週四 交搭乘湯本旅館公會繞行巴士約10分，或巴士站奧湯本入口步行3分 P140輛 ●泉質：鈉氯化物泉 MAP P134B3

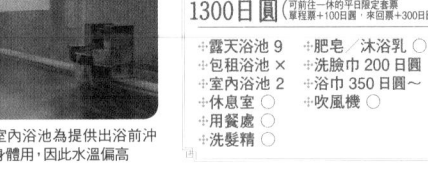

◀湯自玄關通往浴池的長廊，讓人聯想到溫泉療養地

▼一入內便印入眼簾的檜木室內浴池。更衣處、室內浴池與露天浴池位在同一空間

📖 天山湯治鄉源源湧出的溫泉也可入菜或作為地板暖氣。

縱使沒有時間也能盡興！
來到箱根才有的0泊2食溫泉假期

即使只能來1天也無妨！箱根提供午餐＋泡湯，
甚至還有晚餐的行程，讓您渡過療癒的休假。

強羅

はこねえれかーさ ほてるあんどすば

箱根伊利卡薩Spa飯店

佇立於高台上的飯店可遠眺早雲山

魅力在於開闊的視野，能從客房、餐廳或大浴場眺望遠方的早雲山。可享用午餐、客房、大浴場、1次包租浴池與晚餐。抵達後再討論午餐、晚餐和包租浴池的時間吧。☎0460-86-1201 住箱根町宮城野1362-16 交強羅站有專車接送 P15輛 ●泉質：鈉氯化物泉及鈉碳酸氫鹽泉
MAP P137D1

✣ 露天浴池	0
✣ 包租浴池	2
✣ 室內浴池	2
✣ 休息室	×
✣ 用餐處	○
✣ 洗髮精	○
✣ 肥皂／沐浴乳	○
✣ 洗臉巾	○
✣ 浴巾	○
✣ 吹風機	○

含包租溫泉★0泊2食！
2人1房1人
18800日圓（平日限定，完全預約制）
✣客房 12～22時
✣午餐 12～14時
✣晚餐 17時30分～21時
✣入浴 14～22時

來趟親身體驗♪

11:00

抵達箱根湯本站出發前往飯店！

11:50　抵達飯店

\雀躍不已/

12:00

lunch

在視野極佳的餐廳享受午餐

在能將強羅地區盡收眼底的餐廳裡品嘗包含沙拉、時令燉飯與咖啡的午餐。

相模灣、駿河灣直送的魚貝類海鮮十分美味

14:00

盡享溫泉

大浴場以大片窗戶為賣點，景緻優美，此外還可於停留期間使用1次包租浴池。

18:00

Dinner

邊飽覽夜景邊享受晚餐時光

一邊眺望強羅地區的夜景，一邊享用晚餐套餐後結束行程。

\浪漫無比/

自宮城野的高地遠眺的景色格外美麗

以義大利風味為基調的餐點

15:00

去趟美體沙龍，享受極致的幸福片刻

於客房度過輕鬆時光

使用時髦和室或洋式雙床房，可攜帶DVD入房觀賞。

亦有頭皮SPA30分5400日圓～等美容護理方案
※需事先預約

箱根湯本
ゆもとふじやほてる
湯本富士屋飯店

最長可停留9小時

0泊2食的方案中，午餐除自助餐外，還可選擇日式料理或中國菜，晚餐還可挑選法國料理。在泡湯處「早雲」裡，能享受飯店引以為傲、水質滑潤的溫泉。

☎0460-85-6111 住箱根町湯本256-1 交箱根湯本站步行3分 P 150輛 ●泉質：鹼性單純溫泉 MAP P135F3

÷ 露天浴池 3	÷ 包租浴池 4	
÷ 室內浴池 2	÷ 休息室○	÷ 用餐處○
÷ 洗髮精○	÷ 肥皂／沐浴乳○	
÷ 洗臉巾○	÷ 浴巾○	÷ 吹風機○

飯店停留0泊2食方案
2人1房1人
12950日圓 (有不適用日，未稅價)
÷客房 12‧21時
÷午餐 11時30分～14時 (預約制)
÷晚餐 18時～ ／20時 (預約制)
÷入浴 12～21時

注入具備高度美膚功效的鹼性單純溫泉水

lunch
人氣自助餐中供應眾多使用當季食材、種類豐富的菜餚

Dinner
正統的晚餐套餐可以品嘗到富士屋飯店傳統的法國料理

溫泉美食0泊2食方案
2人1房1人
11300 日圓～ (未稅價)
÷客房 11時30分～20時
÷午餐 11～14時30分LO
÷晚餐 18～19時30分
÷入浴 11時30分～20時 (週一、三、五為13時30分～)

女性用的庭園式露天浴池

lunch
鐵板燒午餐有海鮮或日本產的菲力牛排可選擇

Dinner
晚餐請至能眺望庭園的餐廳「放心亭」或「山月」

箱根湯本
よしいけりょかん
吉池旅館

源泉放流式溫泉與1萬坪的庭園

擁有6處自家源泉的旅館。在牛排屋內可品嘗到鐵板燒午餐，在浴場內則可盡情享受旅館自豪的湯本溫泉。

☎0460-85-5711 (受理預約時間9～20時30分) 住箱根町湯本597 交箱根湯本站步行7分 P 70輛 ●泉質：鈉鈣氯化物泉 MAP P135D4

÷ 露天浴池 2	÷ 包租浴池 2	
÷ 室內浴池 2	÷ 休息室○	÷ 用餐處○
÷ 洗髮精○	÷ 肥皂／沐浴乳○	
÷ 洗臉巾○	÷ 浴巾○	÷ 吹風機○

塔之澤
かくいのやど しうんそう
鶴井之宿 紫雲莊

享受100%自家源泉的塔之澤溫泉

旅館佇立於大倉男爵的別墅遺址，可享以「子寶之湯」聞名的塔之澤溫泉。旅館主人同時也是蕎麥專家，可在房內放鬆品嘗其手打的十割蕎麥麵等佳餚。

☎0460-85-8511 住箱根町塔之澤92 交塔之澤站步行5分 P 20輛 ●泉質：弱鹼性單純溫泉 MAP P134C1

÷ 露天浴池 2	÷ 包租浴池 1	
÷ 室內浴池 2	÷ 休息室○	÷ 用餐處○
÷ 洗髮精○	÷ 肥皂／沐浴乳○	
÷ 洗臉巾○	÷ 浴巾○	÷ 吹風機○

0泊2食方案
2人1房1人
16200日圓 (僅平日，有不適用日)
÷客房 11時30分～20時30分
÷午餐 11時30分～
÷晚餐 17時30分～
÷入浴 11時30分～20時30分

位於早川沿岸的露天浴池

lunch
特製天婦羅蕎麥麵，風味十足的十割蕎麥麵搭配數種天婦羅

Dinner
創作和食宴席，使用產地直送的蔬菜和新鮮的魚貝海鮮

「箱根伊利卡薩Spa飯店」亦有附設教堂，許多新人會包下整座飯店舉辦婚禮。

濃稠的溫泉讓您的肌膚光滑亮麗，「美膚之湯」一日遊

「美膚之湯」為濁泉的代表，彷彿會溫潤地包覆全身肌膚。
來此泡湯獲得吹彈可破的肌膚吧。

泡這溫泉會變美麗！
女性露天浴池「美膚浴池」含有許多硫磺成分的硫磺泉，水溫偏溫

蘆之湖 潤 UP 白 光

びはだのゆきのくにや

紀伊國屋旅館

自然湧出的硫磺泉讓肌膚透亮有光澤

創業於正德5（1715）年的老字號旅館，可享受到自然湧出、水溫偏溫的硫磺泉，與偏燙的碳酸氫鈉泉。同時占地廣闊，除設有露天浴池的本館「湯香殿」外，也能使用別具風格的別館「貴賓殿」。

☎0460-83-7045 ⏲箱根町芦之湯8 🕐12時30分～16時(最終入館15時)、週六、日、假日～15時，最終入館14時) 休不定休 🚌巴士站芦の湯步行1分 P40輛 ⊙泉質：弱鹼性硫磺泉 MAP P140C2

位在用地內的源泉井

男用露天浴池「蘆之湖周遊浴池」

純泡湯費用
1000 日圓
- 露天浴池 4
- 室內浴池 4
- 包租浴池 0
- 休息室 ○   用餐處×
- 洗髮精 ○
- 肥皂／沐浴乳 ○
- 洗臉皂 150 日圓
- 浴巾 200 日圓   吹風機 ○

強羅 潤 🛁

しらゆのやど やまだや

白湯之宿 山田家

享受大涌谷溫泉的濁泉

旅館位處早雲山高地，從客房可將箱根外輪山盡收眼底，共有15間房。據說，引以為傲的濁泉顏色會依季節出現微妙的變化。採用寄木細工工法打造出視野開闊的露天浴池，可飽覽群山美景。另可享受包租浴池，40分3450日圓。

☎0460-82-2641 ⏲箱根町強羅1320-907 🕐12～16時(週六、日、假日～15時) 休週二 🚌早雲山站步行5分 P16輛 ⊙泉質：酸性鈉鈣鎂硫酸鹽泉 MAP P136A2

純泡湯費用
1300 日圓
- 露天浴池 3   室內浴池 2
- 包租浴池 1
- 休息室 ×   用餐處 ×
- 洗髮精 ○
- 肥皂／沐浴乳 ○
- 洗臉巾 200 日圓
- 浴巾 (租用) 100 日圓
- 吹風機 ○

露天浴池(右)與包租浴池(下)

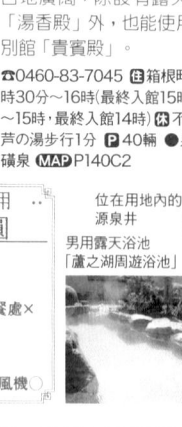

泡這溫泉會變美麗！
眺賞一望無際的景色放鬆身心，同時享受溫潤肌膚的溫泉

箱根強羅溫泉 樂樂花

強羅
はこねごうらおんせん ららか

毫不吝惜採用放流的濁白溫泉

大廳視野潦闊，窗外可望見以大文字燒遠近馳名的明星岳，內部還擺置設計師家具，是間兼具和風與時尚的旅店。2座室內浴池中注滿白色濁泉，自露天浴池可遠眺明星岳，豎耳聆聽鳥語的同時，還能盡享美膚之湯。

☎0460-86-0777 📍箱根町強羅1320-270 ⏰12～15時30分 🈺不定休 🚉強羅站步行6分 🅿8輛 ●泉質：酸性鈣鎂硫酸鹽、氯化物泉 🅼P136B1

從大廳的大片窗戶可飽覽箱根的大自然

泡這溫泉會變美麗！
室內浴池採用源泉放流式。露天浴池可一面飽覽庭園景色，一面悠哉放鬆

· 純泡湯費用 ·
1200 日圓
÷ 露天浴池 2
÷ 室內浴池 2
÷ 包租浴池 0
÷ 休息室 ✕　用餐處 ✕
÷ 洗髮精 ○
÷ 肥皂／沐浴乳 ○
÷ 洗臉巾 ○　浴巾 ○
÷ 吹風機 ○

泡這溫泉會變美麗！
源泉引流至浴池前即會變得濁白，在綠意的環繞之下清爽泡湯

· 純泡湯費用 ·
1700 日圓
÷ 露天浴池 2
÷ 室內浴池 2
÷ 包租浴池 0
÷ 休息室 ✕　用餐處 ✕
÷ 洗髮精 ○
÷ 肥皂／沐浴乳 ○
÷ 洗臉巾 ○　浴巾 ✕
÷ 吹風機 ○

位在飯店用地內的溫泉調節設施（不可參觀、進入）

箱根湯之花王子大飯店

蘆之湯
はこねゆのはなぷりんすほてる

在箱根距離天空最近的露天浴池

高原上的獨棟飯店，位於標高935m的箱根蘆之湯地區。飯店用地內的溫泉調節設施升起一道道源泉的蒸氣，露天浴池中注滿了濁白色溫泉水，上頭漂浮著黃濁色結晶物「湯花」。浸泡在微微飄散硫磺氣味的濁白溫泉裡，享受暖意緩緩沁入心脾。

☎0460-83-5111 📍箱根町芦之湯93 ⏰13～18時（週六、日、假日12時～）※最終受理16時 🈺無休（1～2月週二、三公休）🚉巴士站芦之湯有接駁車（需從巴士站聯絡飯店）🅿42輛 ●泉質：單純硫磺泉 🅼P140C2

泡這溫泉會變美麗！
強酸性的濁泉讓人擁有水潤好肌膚。設置露天浴池的「初音」入口也有足湯！

· 純泡湯費用 ·
9050 日圓～（入湯稅50日圓另計）
※僅提供搭配餐點的方案
÷ 露天浴池 3
÷ 室內浴池 6
÷ 包租浴池 2
÷ 休息室 中　用餐處 ○
÷ 洗髮精 ○
÷ 肥皂／沐浴乳 ○
÷ 洗臉巾 ○　浴巾 ○
÷ 吹風機 ○

浸泡足湯也能享受自家源泉的溫泉

桐谷箱根莊

強羅
きりたにはこねそう

奢侈享受源泉放流式白濁溫泉

佇立於強羅坡道途中的數寄屋造旅館。佔地寬廣的旅館用地上，除本館和別館外，還設有溫泉專用的「お湯処初音」。自家源泉呈現漂浮湯花的強酸性，是以潤澤肌膚而廣受好評的美膚之湯。所有浴池都採用放流式，實在令人開心。

☎0460-82-2246 📍箱根町強羅1320-598 ⏰中餐11～14時30分、晚餐15～20時（假日需洽詢）🈺不定休 🚉公園上站步行5分 🅿40輛 ●泉質：硫酸鹽泉 🅼P136B1

📖「桐谷箱根莊」於別館也設有包租的露天浴池，可當天預定後前往使用。50分1人2200日圓（需2人以上才受理）。

身心都陶醉其中、煥然一新，溫泉&美容護理的一日遊方案

將己身託付於神之手，讓身體藉此蓄積大自然的能量吧。
新鮮空氣圍繞著箱根的度假飯店，以下將介紹飯店提供的SPA方案。

箱根湯本
やまざくら[おだきゅう ほてるはつはな]

山櫻
[小田急 初華飯店]

Point!
以自家源泉製造的SPA保養液

竹林包圍下的女性專用SPA

佇立於須雲川溪谷沿岸，SPA被未遭人為破壞的湯坂山大自然所環繞，備受歡迎。在3座露天浴池與室內浴池放鬆身心後，推薦體驗一趟美容護理。在富含源泉礦物質的SPA保養液呵護下，肌膚將更顯光潤。

☎0460-85-7321 住箱根町須雲川20-1 ⏰6～11時(僅溫泉區域)、15～23時 休無休 交巴士站ホテルはつはな下車即到 P40輛
●泉質：鹼性單純溫泉
MAP P133D3

溫泉是這種樣子

◆ 一日遊SPA ◆
和らぎ
時間：100分
費用：16524日圓
全身美容護理搭配臉部保養的綜合方案，最後會用原創自製的SPA保養液收尾

Point!
天然植物療法能從藍莓等3種精油中挑選

強羅
すぱいずみ[はいあっと りーじぇんしーはこねりぞーとあんどすぱ]

SPA IZUMI
[箱根凱悅Spa度假村]

喚醒沉睡於體內的自然力量

綠意環繞、全客房都超過56m²的度假飯店。於此可以體驗美容護理，以水果種子或植物萃取的原創精油提高自體療癒力。推薦搭配午餐，在飯店裡盡情度過奢侈的悠閒時光。

☎0460-82-2000 住箱根町強羅1320 ⏰9～21時 休無休 交上強羅站步行4分 P57輛 ●泉質：酸性硫酸鹽泉 MAP P136A2 ※非房客需另行支付設施使用費與入湯稅

溫泉是這種樣子

◆ 一日遊SPA ◆
天然植物療法全身按摩
(酪梨)
時間：90分
費用：25257日圓
(房客21967日圓)
按摩以身體僵硬和氣節集結處為中心，酪梨精油可防止乾燥，給人光潤好肌膚

 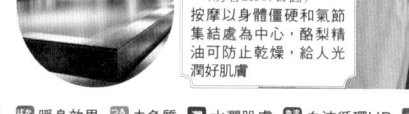

男性也可使用。
熱門療癒處
「ゆらり」

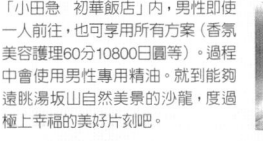

「小田急 初華飯店」內，男性即使一人前往，也可享用所有方案（香氛美容護理60分10800日圓等）。過程中會使用男性專用精油。就到能夠遠眺坂山自然美景的沙龍，度過極上幸福的美好片刻吧。

Point!
原創化妝品與散發柚子香氣、讓人感到濃濃和風的精油

元箱根 [汤]
かえで すぱ [ざ・ぷりんす はこねあしのこ]

KAEDE SPA
[箱根蘆之湖皇家王子大飯店]

以和風香氣調和身心

講究和式款待的SPA。在原創香氛的芬芳包圍下，邊在夢幻的空間內度過深層舒緩的時光。

☎0460-83-1111 🏠箱根町元箱根144 🕐15～23時 休無休 🚌巴士站ザ・プリンス 箱根芦の湖下車即到 🅿282輛 ●泉質：鈣鈉硫酸鹽及氯化物泉 MAP P140A3

溫泉是這種樣子

◆一日遊SPA◆
楓
時間：90分
費用：22680日圓
（房客21600日圓）
臉部護理與全身美容的套裝方案。以去角質霜除去背部暗沉，賦予柔嫩好膚質

Point!
可挑選5種波動混香精油

元箱根
すぱ もんたーにゅ [おだきゅう やまのほてる]

SPA MONTAGNE
[小田急山之飯店]

景色絕佳的SPA 可一覽蘆之湖風光

提供的精油護理富有水、植物和風等箱根的大自然波動，藉此調整身體狀態的平衡。結束後，可在能眺望蘆之湖的舒緩室中悠哉放鬆。

☎0460-83-6321 🏠箱根町元箱根80 🕐14時30分～22時30分 休無休 🚌巴士站元箱根港搭接駁車5分 🅿100輛 ●泉質：鹼性單純溫泉 MAP P141A1

溫泉是這種樣子

◆一日遊SPA◆
香氛全身美容
時間：60分
費用：17280日圓
為一種全身美容護理，用手輕柔慢推或有節奏地按壓，藉此調整體內的氣

Point!
提供「花」、「鳥」、「風」、「月」4種精油

宮之下 [汤]
ぎんゆうすぱ [はこねぎんゆう]

Ginyu Spa [箱根吟遊]

面對早川溪谷的祥和空間

露天浴池採源泉放流，於此邊感受大自然的氣息，溫暖和身軀後，再接受店家原創調製的精油進行手部美容護理。在能瞭望群山的房間裡享受奢華的好時光。

☎0460-82-3355 🏠箱根町宮ノ下10 0-1 🕐10～20時（最終受理18時）休無休 🚌宮之下站步行2分 🅿20輛 ●泉質：鈉氯化物泉 MAP P137F1

溫泉是這種樣子

◆一日遊SPA◆
Body60
時間：60分
費用：18360日圓
（房客17280日圓）
能均衡身體的指猯精油美容護理。可從4種精油中挑選喜歡的使用

📖 P24～25刊載的SPA方案無論是房客還是非房客，都必須事先預訂。

25

高CP值也是魅力所在。
不到1300日圓就能享受一日遊溫泉

箱根也有眾多能以實惠價格入內使用的高CP值泡湯設施。
一處、兩處……以盡情享樂的心情來趟溫泉巡禮吧。

箱根湯本
ほてるなんぷうそう
南風莊酒店

遠眺箱根連綿山巒，盡享療癒時刻

位處蒼鬱森林之中的老字號度假飯店。一邊聆聽飯店附近的須雲川潺潺水聲和鳥鳴，一邊享受大自然包圍下的泡湯樂趣。鹼性溫泉會讓皮膚變得光亮滑嫩，極受好評。來到這裡當然要去趟能將箱根群山盡收眼底的露天浴池，還可享受以花崗岩及董青石打造的寬敞大浴場。

☎0460-85-5505 🏠箱根町湯本茶屋179 ⏰12～15時 ❌不定休 🚌箱根湯本站搭乘旅館公會繞行巴士7分 🅿110輛 ●泉質：鹼性單純溫泉 MAPP134B3

純泡湯
1130日圓

此度假飯店佇立瀑布流經的溫泉鄉

檜木浴池與岩石浴池並排的露天浴池「いちの湯」

- 露天浴池 2
- 包租浴池 0 ÷ 室內浴池 2
- 休息室 ✕ ÷ 用餐處 ✕
- 洗髮精 ○
- 肥皂／沐浴乳 ○
- 洗臉巾 ○
- 浴巾 324 日圓
- 吹風機 ○

純泡湯
1050日圓

按摩浴池提供恰到好處的水壓與氣泡

- 露天浴池 6
- 包租浴池 0
- 室內浴池 2
- 休息室 ○ ÷ 用餐處 ○
- 洗髮精 ○
- 肥皂／沐浴乳 ○
- 洗臉巾與浴巾組 350 日圓
- 吹風機 ○

室內浴池充滿有溫度的木質裝潢，散發幽靜的氛圍

箱根湯本
ゆあそびどころ はこねのゆ
湯遊び処 箱根の湯

5種浴池提供繽紛的溫泉體驗

內有具備按摩效果的按摩浴池，及能夠活化肌膚的超音波氣泡浴池。此外，除免費休息室外，還設有9間2小時2000日圓〜的包廂，可攜外食入內。

☎0460-85-8080 🏠箱根町湯本茶屋100-1 ⏰10～22時 ❌不定休 🚌箱根湯本站搭乘旅館公會繞行巴士5分 🅿60輛 ●泉質：鈉鈣氯化物及硫酸鹽泉 MAPP134C3

宮城野
かんたろうのゆ
勘太郎の湯

極致享受，淋浴也使用自家源泉

擁有自家源泉，浴池自然不在話下，連淋浴設備用的水也是溫泉。於此可沉浸在氣泡浴池、岩石浴池或大理石露天浴池中大享泡湯樂趣。

☎0460-82-4477 🏠箱根町宮城野923 ⏰11～19時（週六、日、假日10～20時）❌週五（逢假日則營業）🚌巴士站宮城野步行3分 🅿50輛 ●泉質：鈉鈣氯化物及硫酸鹽泉 MAPP136C1

純泡湯
800日圓

以花崗岩打造的女性用室內浴池

採用天然岩石的石頭露天浴池

- 露天浴池 3
- 包租浴池 0 ÷ 室內浴池 3
- 休息室 ○ ÷ 用餐處 ✕
- 洗髮精 ○
- 肥皂／沐浴乳 ○
- 洗臉巾 300 日圓
- 浴巾 200 日圓
- 吹風機 ○

純泡湯 1250日圓

「外湯」設有檜木打造的露天浴池

「早雲之湯」的室內浴池,引入的是箱根溫泉首座源泉的「惣湯」

純泡湯處 ● 不到1300日圓就能享受一日遊溫泉

箱根湯本

てんねんおんせん ごにゅうよく・きゅうけいどころ いずみ

天然溫泉
ご入浴・休憩処 和泉

由和風旅館改建而成的純泡湯處

大手筆使用7處自家源泉。大浴場的「早雲之湯」與「權現之湯」是以日為單位,男女輪流使用。未滿3歲不可入內。

☎0460-85-5361 住箱根町湯本657 ⏰11～21時(週六、日、假日10時～) 休週二(逢假日則營業) 交箱根湯本站步行7分 P25輛 ●泉質:鹼性單純溫泉 MAP P135D4

露天浴池 2 ÷ 室內浴池 2
÷ 包租浴池 0 ÷ 用餐處 ×
÷ 休息室 ○
÷ 洗髮精 ○
÷ 肥皂/沐浴乳 ○
÷ 洗臉巾 200 日圓
÷ 浴巾 500 日圓
÷ 吹風機 ○

箱根湯本

はこねどうちゅう やじきたのゆ

箱根道中 弥次喜多の湯

透過種類多樣的浴池來趙溫泉巡禮

石組露天浴池、木桶浴池和按摩浴池等,共可體驗富於變化的6種浴池。此外,也設有60分2000日圓的包租浴池。由於距離箱根湯本站很近,所以利用待電車的時間前往也是一種選擇。

☎0460-85-6666 住箱根町湯本694 ⏰10～21時 休週四 交箱根湯本站步行3分 P30輛 泉質:鹼性單純溫泉 MAP P135E4

純泡湯 1000日圓(2小時)
(週六、日、假日、假日前日、盂蘭盆節、春節1200日圓)

於按摩浴池「富士之湯」裡讓人煥然一新

女性用的室內浴池「江戶之湯」

露天浴池 4 ÷ 室內浴池 2
÷ 包租浴池 2 (無法預約)
÷ 休息室 ○ ÷ 用餐處 ×
÷ 洗髮精 ○
÷ 肥皂/沐浴乳 ○
÷ 洗臉巾 200 日圓
÷ 浴巾 500 日圓
÷ 吹風機 ○

純泡湯 1087日圓

於鋪設麥飯石的浴池裡暖和身子

在石造浴池中盡情享受

露天浴池 2
÷ 包租浴池 0 ÷ 室內浴池 2
÷ 休息室 ○ ÷ 用餐處 ×
÷ 洗髮精 ○
÷ 肥皂/沐浴乳 ○
÷ 洗臉巾 ○
÷ 浴巾 108 日圓
÷ 吹風機 ○

仙石原

せんごくはらしなのき いちのゆ

仙石原品之木 一之湯

能夠體驗迥異的2種泉質

一之湯集團經營的旅館。戶外溫泉與室內溫泉採用不同泉質,館內的浴池還鋪設具備熱水溫效果的麥飯石。

☎0460-85-2244 住箱根町仙石原940-2 ⏰13～20時 休不定休 交巴士站品之木・箱根ハイランドホテル步行1分 P30輛 ●泉質:鹼性單純溫泉(室內浴池)、酸性鈣鎂硫酸鹽泉(戶外浴池) MAP P139E2

蘆之湖

はこねじゅく ゆうぎりそう

箱根宿 夕霧莊

於創業約90年的老牌旅館內泡湯

旅館建於古時大名參勤交代之際歇腳過夜的大本營遺址上。除檜木和花崗岩打造的室內浴池外,也可在露天浴池享受溫泉。另附午餐及包廂的方案也廣受好評,2小時每1人5400日圓～(預約2人～)。

☎0460-83-6377 住箱根町箱根138 ⏰12～17時 休不定休 交巴士站箱根町港步行2分 P30輛 ●泉質:單純硫磺泉 MAP P141B4

純泡湯 1000日圓

充滿自然風情的伊豆石造露天浴池

檜木打造的室內浴池,泉質為單純硫磺泉

露天浴池 2
÷ 包租浴池 0
÷ 室內浴池 2
÷ 休息室 ○ ÷ 用餐處 ×
÷ 洗髮精 ○
÷ 肥皂/沐浴乳 ○
÷ 洗臉巾 ○
÷ 浴巾 ○ ÷ 吹風機 ○

「箱根宿 夕霧莊」亦有包含午、晚餐(12～21時)的套裝方案9504日圓(需事前聯絡)。

27

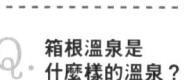

難得要到箱根泡溫泉……
就來探尋歸去時能變為美人的溫泉

名稱雖然都叫溫泉，效果卻是五花八門
下趟旅程要不要試著屏除目的地，從溫泉開始挑選？

Q. 箱根溫泉是什麼樣的溫泉？

A. 奈良時代發現溫泉，擁有超過1200年的歷史。

箱根溫泉係指箱根溫山周邊的溫泉總稱，江戶時代時人們將位在東海道沿線的「湯本」、「塔之澤」、「宮之下」、「堂島」、「底倉」、「木賀」、「蘆之湯」命名為箱根七湯。之後，更加入與東海有些距離的「姥子」，並稱為箱根八湯。進入到明治時代，箱根登山鐵路開通後，不斷以溫泉療養處和觀光區為定位進行開發，因此與「二之平」、「小涌谷」、「大平台」、「強羅」、「宮城野」、「仙石原」、「湯之花澤」、「蘆之湖」、「蛸川」這9處明治時代才開展出的溫泉，統稱為箱根十七湯，最後甚至還加入「早雲山」、「大涌谷」和「湖尻」，形成箱根二十湯。

·湯本溫泉	·底倉溫泉
·塔之澤溫泉	·木賀溫泉
·宮之下溫泉	·蘆之湯溫泉
·堂島溫泉	**箱根七湯** ♨
·姥子溫泉	**箱根八湯** ♨

·二之平溫泉	·宮城野溫泉	·蘆之湖溫泉
·小涌谷溫泉	·仙石原溫泉	·蛸川溫泉
·大平台溫泉	·湯之花澤溫泉	
·強羅溫泉	**箱根十七湯** ♨	

·早雲山溫泉	·湖尻溫泉
·大涌谷溫泉	**箱根二十湯** ♨

Q. 據說溫泉類型會依地區而有所不同，是真的嗎？

A. 是的。溫泉類型會因地區而出現差異。

箱根的溫泉有無色透明的清泉，有濁白的濁泉，也有內含鹽分的鹹泉，當地湧出各式各樣的溫泉。若依地區來看，自位在箱根火山麓的湯本、塔之澤，至山腰的強羅一帶東部，多為氯化物泉，隨著標高越高，越靠近中央火山口地區，也會湧出硫酸鹽泉，甚至還有碳酸氫鹽泉。另一方面，大涌谷和早雲山噴氣地帶等火山頂附近，則是會湧出酸性泉。

Q. 濁泉與透明的溫泉哪一種功效較好？

A. 泉水雖然透明無色，但並非代表功效不大。

源泉基本上都是透明無色，其中有些泉質會在接觸空氣後變成濁色。因硫磺等物質而呈現濁白的濁泉，充滿溫泉的情調，可期待出現心理層面的放鬆效果。

Q. 要如何挑選出好溫泉？

A. 重點在於要挑選能幫助解決自身煩惱的溫泉。

由於溫泉具有各種不同的功效，因此重點在於事前確認，找出符合自身需求的溫泉。女生常見的手腳冰冷、肩膀痠和惱人腰痛，推薦挑選氯化物泉；異位性皮膚炎或青春痘則推薦酸性的硫磺泉。

大涌谷充滿硫磺的臭味。此處噴湧出的溫泉會配送至各地旅館

桐谷箱根莊
☞P23

溫泉功效
請參考P130

溫泉校閱：野添 ちかこ（溫泉品評師）

Q. 不知道該去哪座溫泉比較好！

A. 美白、抗老化、解便祕等，溫泉的功效五花八門。

溫泉大略可分為6種。

❶暖身&緩解手腳冰冷症狀的溫泉（氯化物泉）… ぽかぽか
❷去除陳年角質，水潤肌膚的溫泉（碳酸氫鹽泉）つるつる
❸賦予水潤保濕的抗老化溫泉（硫酸鹽泉）潤
❹帶來血液循環UP&美白效果的溫泉（硫磺泉）血流UP 白
❺緊實肌膚、幫助排毒的溫泉（酸性泉）…… すべすべ
❻去除皮膚髒污，光滑肌膚的溫泉…………すべすべ

（鹼性單純溫泉）

箱根二十湯列表

溫泉名	歷史	溫泉功效
❶ 湯本溫泉	同時為箱根溫泉的玄關城鎮，相傳奈良時代就已發現溫泉，是當地歷史最悠久的溫泉區。	ぽかぽか すべ 潤
❷ 塔之澤溫泉	位於早川溪流沿岸的溫泉區，老字號旅館林立，由於氛圍閑靜，因此曾出現在文學作品等。	すべ
❸ 宮之下溫泉	於熊野神社下方發現溫泉因而得其名，明治11(1878)年富士屋飯店開業後，便由療養地逐漸轉為度假勝地。	ぽかぽか すべ
❹ 堂島溫泉	自宮之下附近下到早川溪谷，位在谷底的溫泉區。前往旅館時，必須搭乘電纜車或空中纜車，亦或走下步道，是座充滿神秘氣息的溫泉。	ぽかぽか 潤 すべ
❺ 底倉溫泉	作為溫泉療養中心先驅而繁榮的溫泉區。會於底倉匯集溫泉，再輸送至宮之下溫泉。	ぽかぽか
❻ 木賀溫泉	相傳奉鎌倉幕府將軍源賴朝的木賀善司吉成，就是在這處溫泉區治癒重病。	ぽかぽか すべ つるつる
❼ 蘆之湯溫泉	發現於駒岳山麓的閑靜溫泉區。位在箱根舊街道沿線，過去療養者與文人墨客絡繹不絕，現今有3間旅館。	潤 白
❽ 姥子溫泉	相傳童話中的「金太郎」眼睛負傷時，山姥遵循箱根權現的神諭，在這座溫泉徹底治癒金太郎的傷勢。	潤 つるつる
❾ 二之平溫泉	昭和38(1963)年湧出，是座新的溫泉區。原是周圍工作的人們的休息場所，雕刻之森美術館就在附近，十分受到歡迎。	ぽかぽか すべ 潤 つるつる
❿ 小涌谷溫泉	相對於「大地獄」(大涌谷)，人稱「小地獄」的溫泉區。明治天皇駕臨此地後才被名為小涌谷。	ぽかぽか すべ 潤 つるつる
⓫ 大平台溫泉	位在塔之澤和宮之下間的「平坦地區」而得此名。昭和24(1949)年，地方有志之士挖到溫泉後，便作為市民的休憩場所。	ぽかぽか すべ
⓬ 強羅溫泉	歷史上以政商名流和文人雅士的別墅區而繁榮的溫泉區。大正時代箱根登山鐵路開業的同時，也以觀光地為取向開始發展。	ぽかぽか 潤 すべ
⓭ 宮城野溫泉	進入昭和時代後才發現源泉的新溫泉區。此溫泉區廣布在舉行大文字燒的明星岳和明神岳的山腰至山麓一帶。	ぽかぽか
⓮ 仙石原溫泉	標高700m高地上開拓的歐美式避暑溫泉區，自大涌谷及姥子引流溫泉水，也使用蘆之湖的地下水。	潤 白
⓯ 湯之花澤溫泉	日本首座採集溫泉花販售的溫泉區。是「溫泉化學」的濫觴，以化學分析溫泉的湧出狀況。	潤 白 引後腳的
⓰ 蘆之湖溫泉	自湯之花澤溫泉引溫泉水而生的溫泉區。能眺看蘆之湖與富士山，因此躍昇為熱門地區。	白
⓱ 蛸川溫泉	誕生於平成年代，是最年輕的溫泉區。原是與蘆之湖溫泉合稱為「元箱根溫泉」的地方。	潤
⓲ 早雲山溫泉	自早雲山噴氣地帶引流溫泉水。電纜車開通後開發成溫泉區。	潤
⓳ 大涌谷溫泉	當地混有大涌谷自然湧出的溫泉，及利用火山蒸氣和山泉水調製成的溫泉，是處人造溫泉區。	引後腳的 潤
⓴ 湖尻溫泉	箱根空中纜車的終點，自桃源台站周邊連綿至蘆之湖北邊湖畔的溫泉區。	潤 つるつる

箱根七湯
箱根八湯
箱根十七湯
箱根二十湯

※有些溫泉區具備數種的相異泉質，因此必須確認住宿地與設施的泉質。

到訪溫泉主題樂園Yunessun 徹底暢遊2大區域！

如果想和家人朋友盡興喧鬧，一定要去Yunessun。
特殊浴池不勝枚舉，待上一整天也不會膩☆

小涌谷

はこねこわきえん　ゆねっさん

箱根小涌園Yunessun

主題樂園中匯集了富含娛樂性的各式浴池。內部分為兩大區域，一是穿著泳裝進入的「Yunessun」，一是全裸沐浴的「森之湯」。若要盡享兩大區域，可購買優惠的通用護照。園內也設有各種的咖啡廳和餐廳。

☎0460-82-4126　🏠箱根町二ノ平1297　Yunessun：9～19時、森之湯：11～20時 🈺不定休(需洽詢) 🉐Yunessun 2900日圓、森之湯1900日圓、通用護照4100日圓 🚌巴士站小涌園下車即到 🅿1000輛(1日1200日圓，2小時內免費) ●泉質：鈉氯化物泉

MAP P136B3

地圖標示：
超絕景！瞭望露天浴池
洞窟浴池
清酒浴池
門牛山(滑水道)
龍之水畔
綠茶浴池
醫生魚足湯
正統咖啡浴池
紅酒浴池・
諸神的愛琴海
Yunessun
蕎麥貴賓館
櫃台
入場處
包租浴池
東洋美容護膚葉亞舞
入場處
ミーオモール(3F)
森之湯
露天浴池
往元箱根
箱根小涌園飯店
往小涌谷站

・包租浴池2(費用另計)
・休息室
・用餐處
・洗髮精
・肥皂　沐浴乳
・洗臉巾 50日圓
・浴巾 100日圓
・吹風機

泳裝區

Yunessun

在繪有地中海藍天的圓頂下，匯聚了以「諸神的愛琴海」為首，「洞窟浴池」等各式浴池。此外，還有香氣四溢的「正統咖啡浴池」、「綠茶浴池」、可期待美膚功效的「紅酒浴池」、「醫生魚足湯」(1次100日圓)等特殊浴池！設有門牛山滑水道、全長40m「超絕景！瞭望露天浴池」的戶外區域也相當受歡迎。

泡湯區

森之湯

充滿和風情調的溫泉區域。寬敞的室內浴池採用奢華的檜木打造，不僅浴池，連牆壁和天花板都鋪上檜木。也能在包租浴池(1房1小時5000日圓，需預約)內悠哉放鬆。

✣諸神的愛琴海✣
以愛琴海為設計意象的大型SPA。每30分鐘會呈現1次噴水和泡泡飛舞的夢幻景象

✣紅酒浴池✣
看到紅酒瓶裝飾就對了！除了可享受葡萄色和芳醇香氣，還可期待美膚功效

✣露天浴池✣
空間開闊，能遠望箱根外輪山。除碩大的岩石浴池外，還有寢湯和使用信樂燒打造的陶器浴池

也有醫生魚的足湯，魚會幫忙吃掉陳年角質

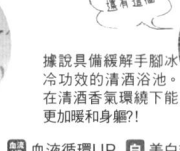
據說具備緩解手腳冰冷功效的清酒浴池。在清酒香氣環繞下能更加暖和身軀?!

森之湯採男女分浴，因此欲雙人共浴者就到包租浴池！

暖身效果　去角質　水潤肌膚　血液循環UP　美白效果　緊實肌膚　光滑肌膚

藝術的空間和懷舊的街景，
隨心所欲暢遊箱根

從身為箱根觀光玄關城鎮的箱根湯本出發，
街景復古的宮之下、溫泉旅館櫛比鱗次的強羅、
數間博物館聚集的仙石原，
直到絕美景緻遍布的蘆之湖周邊，
值得一訪的景點美不勝收。

箱根是什麼樣的地方

溫泉、歷史、大自然，箱根魅力十足。
以下就來看看各個區域的特色吧。

觀光熱點為4大區域

箱根距離東京都會區不遠，搭乘電車約需85分，一年會有高達2000萬觀光客到訪。吸引眾多人潮的魅力之一，在於人稱箱根二十湯的溫泉區，此區的溫泉湧出量傲居全國第5名。此外，美食和藝術景點也相當充裕，蘆之湖和大涌谷的自然美景更是吸引力十足。了解此處的4大主要觀光區後，盡情享受箱根之旅吧。

觀光前收集資訊

箱根的觀光服務處內會提供各觀光設施的免費導覽手冊和參觀費折扣券等，出發觀光前先到訪一趟，善加利用。

[洽詢] 箱根綜合觀光服務處　☎0460-85-5700
[洽詢] 箱根遊客中心　☎0460-84-9981
[洽詢] 箱根湯本觀光協會　☎0460-85-7751

各區域間大致所需的移動時間

強羅 —電車11分— 宮之下
強羅 —巴士21分— 仙石原
仙石原 —巴士15分— 宮之下
宮之下 —電車26分— 箱根湯本
仙石原 —巴士11分— 桃源台
宮之下 —巴士30分— 元箱根
箱根湯本 —巴士15分— 畑宿
桃源台 —箱根海盜船30〜40分— 元箱根
畑宿 —巴士13分— 元箱根

せんごくはら
仙石原 ③
···P62

箱根首屈一指的藝術景點，匯集許多個性派美術館。芒草原於10月上旬〜11月上旬最美，相當值得一看。

看看這裡
仙石原的芒草原 ☞P43
箱根拉利克美術館 ☞P64
POLA美術館 ☞P66

あしのこしゅうへん
蘆之湖周邊 ④
···P76

身處能夠遠望富士山的壯麗景色中，享受湖畔的悠閒時光。這裡同時是個歷史景點眾多的區域，還有關所遺址、箱根神社和老街等好去處。

看看這裡
蘆之湖遊船 ☞P78
箱根神社 ☞P82
箱根關所 ☞P84

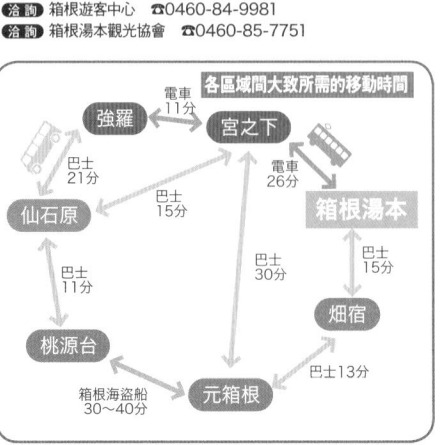

往御殿場

箱根スカイライン

芦ノ湖スカイライン

往岩波

みやのした・こわきだに・ごうら
宮之下・小涌谷・強羅 ②

・・・P46

宮之下以富士屋飯店為首，匯集眾多老字號設施。箱根登山電車沿線散布觀光名勝，終點站強羅是熱門溫泉區。

看看這裡 🖊
富士屋飯店 ☞P50
雕刻之森美術館 ☞P54
大涌谷 ☞P58

看看這裡 🖊
箱根湯本站 ☞P36
箱根湯本商店街 ☞P38
箱根登山電車 ☞P40

はこねゆもと・とうのさわ
箱根湯本・塔之澤 ①

・・・P34

箱根湯本站為觀光的起點，站前商店街是條繁華的街道，林立著超過40間的餐廳和伴手禮店。眾多一日遊溫泉設施也是一大特點。

③ **仙石原**

- 箱根拉利克美術館
- 小王子博物館
- 箱根玻璃之森美術館
- 仙石原溫泉
- POLA美術館

② **宮之下・小涌谷・強羅**

- 大涌谷站
- 大涌谷
- 大涌谷
- 姥子溫泉
- 黑タマゴ
- 子溫泉
- 姥尻溫泉
- 早雲山站
- 箱根登山電車
- 強羅站
- 木賀溫泉
- 強羅溫泉
- 宮城野溫泉
- 雕刻之森站
- 二之平溫泉
- 早雲台溫泉
- 明星岳
- 宮之下溫泉
- 宮之下站
- 堂島溫泉
- 大平台站
- 大平台溫泉
- 小涌谷站
- 底倉溫泉
- 小涌谷溫泉
- 湯之花澤溫泉

蘆之湖周邊

- 箱根駒岳空中纜車
- 駒岳
- 蘆之湯溫泉
- 川溫泉
- 箱根園站
- 箱根園
- 蘆之湖溫泉
- 元箱根
- 恩賜箱根公園
- 神山
- 畑宿
- 箱根舊街道
- 箱根新道
- 白銀山
- 箱根嶺IC
- 蘆之湖大觀
- 駒掛山
- 大觀山
- 往湯河原

① **箱根湯本・塔之澤**

- 風祭站
- 箱根口IC
- 入生田站
- 塔之澤站
- 箱根湯本站
- 湯本溫泉
- 塔之澤溫泉
- 早川站
- 山崎
- 箱根板橋站
- 小田原站
- 西湘外輪道
- 早川IC
- 石橋IC
- JR東海道本線
- 東海道新幹線
- 小田原希爾頓溫泉度假飯店
- 根府川站
- 前聖岳
- 聖岳
- MAZDA Turnpike 箱根收費道路
- 星山
- 往熱海・往真鶴

御殿場

※2017年4月時，當局會針對箱根山發表等級1噴發警戒（留意該地為活火山），並規定在夜間禁止進入大涌谷。因此務必先至箱根町觀光協會的網站確認狀況後，再出發旅遊。

0   2km

N

原來如此 箱根的基礎知識

出發旅行前，先熟悉一下箱根的基礎資訊吧！聚焦這3個關鍵字：歷史、地形和溫泉，在安排箱根之旅時會大有幫助。

[歷史]
古時原是山岳信仰的靈場，但江戶時代設置東海道的箱根關所後，便發展為療養地。明治時代後更轉型為度假勝地。

[地形]
經火山噴發一點一滴形成地形，最後造出箱根外輪山與破火山口。大涌谷的噴發則是造就出蘆之湖。

[溫泉]
擁有眾多溫泉區，數量之多甚至可分類成箱根七湯、八湯、十七湯、二十湯，不同地區可享受到不同的泉質。一年約有2000萬名旅客到訪。

漫步遊逛
充滿情調的溫泉街

邊找尋甜品、和風雜貨等
伴手禮，邊享受遊逛溫泉
街的樂趣。(☞P38)

菊川商店的「箱根
烤蛋糕甜饅頭」

品嘗和風甜品
歇息一會兒

泡過溫泉後出門前往溫泉
街，吃個甜點小歇片刻。
(☞101)

來趟溫泉一日遊
輕鬆泡湯去

即使不過夜也無妨，須雲
川和早川沿岸也有眾多純
泡湯的溫泉設施。(☞P16)

色彩繽紛的便
當，可於車站
內購買

access

〈搭乘電車前往箱根湯本站〉
●自新宿出發
小田急浪漫特快1小時25分
●自小田原出發
箱根登山鐵道15分
●自箱根湯本站出發
搭乘箱根登山電車至塔之澤
站4分。此外，也可自巴士站
箱根湯本駅搭乘箱根登山巴
士或伊豆箱根鐵道巴士3
分，於巴士站塔ノ沢下車

〈開車前往箱根湯本站〉
●自箱根口交流道
行駛國道1號約2.5km

洽詢
☎0460-85-5700
箱根町綜合觀光服務處
MAP P135F3

江戶時代繁華至今的箱根玄關城鎮

箱根湯本・塔之澤

はこねゆもと・とうのさわ

箱根湯本・塔之澤
位在這個地方！

仙石原　　宮
桃　　　強羅　ノ下
源　大涌谷
台　小涌谷
湖尻　　小田急
　　　　　　畑宿
蘆之湖　箱根町

是
這
樣
的
地
方

奈良時代就已發現溫泉，江戶時代以東海道
沿線上的溫泉區繁榮興盛，名列「箱根七湯」
之一。時至今日，依舊是老字號旅館櫛次鱗
比，也設有許多能當日來回的純泡湯溫泉設
施。箱根湯本站是小田急浪漫特快的終點站，
地處箱根玄關的位置。車站前餐廳和伴手禮
店林立，整座城鎮充滿活力。

~箱根湯本・塔之澤 快速導覽MAP~

塔之澤

往宮之下→

塔之澤站

箱根登山電車

↑上塔ノ沢　塔ノ沢

往宮之下→

塔之澤溫泉 (☞P18) **6** 箱根湯寮

玉簾神社

玉簾瀑布・

台の茶屋

箱根湯本飯店　靜觀莊

卍福壽院

山神社

←往元箱根及箱根町

箱根北原
玩具博物館
(☞P38) **5**

**横跨早川的
繡球花橋**
外觀漆成可愛朱紅
色的繡球花橋。河灘
的景緻也充滿情調。

N
0   100m

往小田原→

箱根湯本站
箱根
湯本站 ・箱根町
綜合觀光服務處

往早雲寺→

知客茶家
(☞P97) **2**

☖温泉場入口

熊野神社
平賀敬美術館

3 ちもと
(☞P104)　早雲公園

Mile Coeur
祥月

4 季節的雜貨 折折
(☞P39)

往箱根湯本站→

早雲公園前

白山神社

湯本溫泉

湯本中宿

卍正眼寺

曾我堂上

石垣神社

箱根新道

往小田原→

1 早雲寺
(☞P44・128)

**江戶的後花園
箱根湯本的溫泉街**
早川、須雲川沿岸林
立著保有舊時風貌
的旅館和飯店。

**到早雲山後山的
早雲公園散步**
從亭子所在的頂端，
可將箱根湯本的溫
泉街景盡收眼底。

**觀光的提要
搭乘合作住宿設施
專用的繞行巴士**
箱根湯本站前有旅館工會繞行巴
士(單程100日圓)運行，共有瀧通
方向、早雲通方向和塔之澤方向
3條路線。詳情請洽箱根登山觀
光巴士(☎0460-85-7174)。

起點		1	2	3	4	5	6	終點
		參觀	用餐	購物	購物	參觀	純泡湯處	
箱根湯本站	▶ 步行10分	早雲寺	▶ 步行6分 知客茶家	▶ 步行1分 ちもと	▶ 步行2分 季節的雜貨折折	▶ 步行5分 箱根北原玩具博物館	▶ 步行11分 箱根湯寮	▶ 步行4分 塔之澤站

推薦行程時間
4小時30分

越過箱根湯本站前的繡球
花橋，前往保有昔日的風
貌、溫泉旅館佇立的街
道。遊逛熱鬧的站前商店
街，同時稍微走遠一些，
前去塔之澤，最後泡進溫
泉，放鬆流個汗。

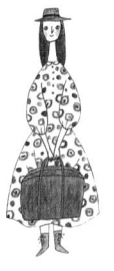

旅程往返途中想繞去看看，箱根湯本站的站內美食

箱根湯本站內有眾多充滿箱根風情的美食和伴手禮！
回程自然不在話下，抵達時不妨先去挑挑看看。

連結新宿站和箱根湯本站的小田急浪漫特快，單程須時85分

麵包&甜點 看這裡

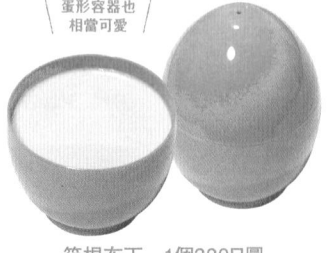

蛋形容器也相當可愛

箱根布丁　1個330日圓
富含維他命的長壽蛋與新鮮牛乳是美味的關鍵，嘗起來風味十足，甜而不膩。Ⓐ

箱根伴手禮 看這裡

濃郁的奶油風味

年輪蛋糕 1080日圓
箱根蘆之湖皇家王子大飯店特製的年輪蛋糕。使用大量奶油和雞蛋因此口感滑順濕潤。Ⓒ

無論日本茶還是咖啡都是絕配

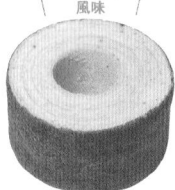

盒裝豆子點心（黃豆粉）648日圓
黑糖風味的豆子小點，以黃豆粉輕柔裹覆國產大豆製成。外盒包裝得也相當時尚。Ⓒ

便利服務亦足夠

●箱根代運服務
能幫忙將行李運送至260間合作的住宿設施，於站內辦理手續。1件800日圓～。

●手提行李暫寄處
散步遊逛時想暫時寄放礙事的手提行李者，請至此處。小型360日圓，大型510日圓。

●投幣式置物櫃
設置於月台和車站1、2樓。24小時皆可使用，有300日圓和400日圓2種大小。

箱根湯本站 2F

箱根代運服務（1F）

箱根カフェ スイーツショップ

手提行李暫寄處

售票處

宮之下 方向

小田原 方向

票口

往月台

往1F

空橋

投幣式 置物櫃

投幣式 置物櫃

箱根カフェ

箱根の市

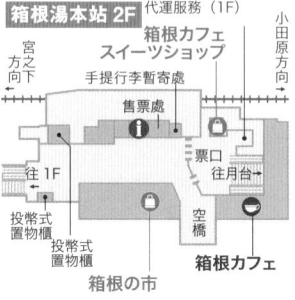

起司裂縫麵包 290日圓

以法式麵包生麵團為基底，混合4種起司，再添入配料。可品嘗不同起司混和出的美味。**B**

火車便當的種類也十分多元

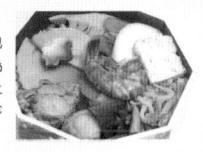

「箱根の市」裡擺放一排排火車便當，共有34種。由於菜色和分量類型也相當多樣，因此可慢慢挑選。照片為箱根山海900日圓，是在醬油蒸飯上鋪滿鮮蝦、干貝和野菜等箱根的山珍海味。非常適合在回程電車中享用。

內含豐盛的當季水果

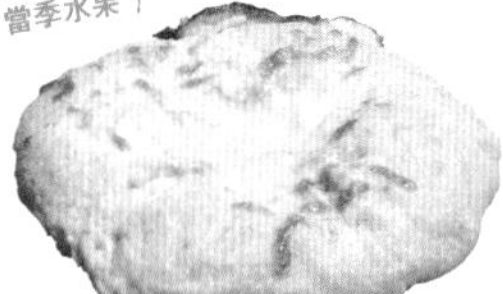

涼了也好吃

咖哩麵包 240日圓

灑滿麵包粉的外層，鬆脆又香氣撲鼻。**B**

講究的咖哩

山之飯店咖哩 756日圓

小田急山之飯店的原創咖哩，可在家中輕鬆品嘗。**C**

軟綿的箱根蛋糕捲

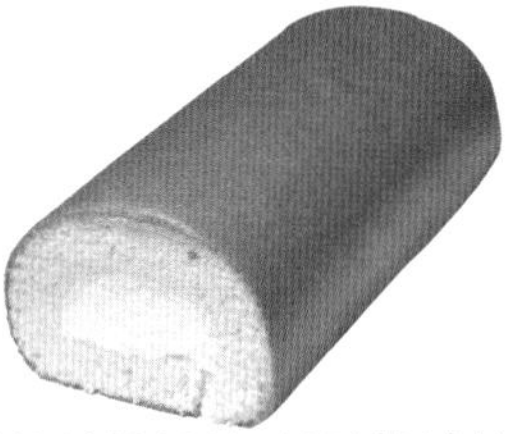

箱根蛋糕捲 1340日圓

以長壽蛋與米粉製成的蛋糕外層，包覆添加和三盆糖的鮮奶油。**A**

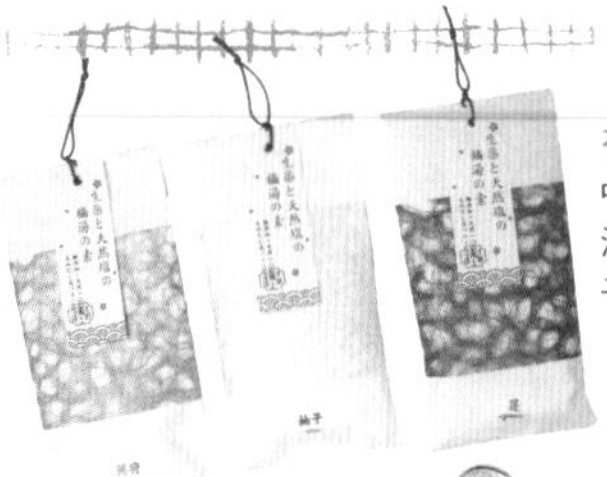

印著富士山的圓樣

福湯之素 各648日圓

中藥材和天然鹽製成的無添加浴鹽，共有艾草、柚子等6種。**C**

加入洗澡水中放鬆享受

雅致的配色相當時髦

寄木拉鍊扣環飾品 各594日圓

箱根傳統寄木細工變化出輕巧的扣環飾品，不妨試著吊在包包或服裝上的拉鍊。**C**

箱根沙拉醬 各200mℓ756日圓

有2種口味，分別是香濃又帶有清爽甘甜的芝麻，與口感些微麻辣的大蒜。**C**

票口內 2F

はこねかふぇすいーつしょっぷ

A 箱根カフェ スイーツショップ

販售食材講究的原創甜點、箱根布丁和箱根蛋糕捲。季節限定的箱根蛋糕捲是日本栗子、巧克力及抹茶等口味。

☎0460-85-8617 〔住〕箱根町湯本707 箱根湯本站2F 〔時〕10～18時(售完打烊) 〔休〕無休 〔交〕箱根湯本站票口內 〔P〕無 **MAP** P135E3

票口外 2F

はこねかふぇ

B 箱根カフェ

期間限定麵包230日圓等，可品嘗到約45種的麵包。可樂餅230日圓等，靈活運用當地食材的熟食品項也不錯過。

☎0460-85-8617 〔住〕箱根町湯本707 箱根湯本站2F 〔時〕8～19時(有季節性變動) 〔休〕無休 〔交〕箱根湯本站票口外 〔P〕無 **MAP** P135E3

票口外 2F

はこねのいち

C 箱根の市

販售箱根名店和知名飯店的各式產品、箱根登山電車的原創商品等，品項豐富。旅途最後就決定來此挑選伴手禮！

☎0460-85-7428 〔住〕箱根町湯本707 箱根湯本站2F 〔時〕8時30分～21時 〔休〕無休 〔交〕箱根湯本站票口外 〔P〕無 **MAP** P135E3

箱根湯本站的月台上也為旅客設有專區，擺放了各觀光設施的導覽手冊。

為您介紹箱根玄關城鎮中的箱根湯本商店街極品店家

箱根湯本站周邊有條非常適合遊逛的商店街，
飢腸轆轆時就用當地美食填飽肚子吧。

箱根湯本商店街是什麼樣的地方

商店街位在箱根玄關的箱根湯本站前。街上林立著大約40間販售名點、海產乾貨等伴手禮的商店和餐飲店，附近一帶還散落50間左右的住宿設施，是箱根最熱鬧的商店街。

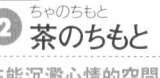

❶ はこねきたはら
おもちゃみゅーじあむ

箱根北原玩具博物館

懷舊的古早玩具

館長為知名玩具收藏家北原照久。40年蒐羅而來的玩具，橫跨明治～昭和時代，展示架上擺得滿滿滿。藏品以馬口鐵和賽璐珞製古董為主。

↑藏品以馬口鐵和賽璐珞製古董為主

←館區內也設有販售玩具的商店，和可以烤肉的咖啡廳

☎0460-85-6880 🏠箱根町湯本740 ¥1300日圓 ⏰9～17時(最終入館16時30分,有季節性變動) 🈳無休 🚉箱根湯本站步行4分 🅿30輛(2小時300日圓) **MAP**P135E3

咖啡廳

❷ ちゃのちもと
茶のちもと

在能沉澱心情的空間裡喝杯茶

創業超過65年的和菓子店「ちもと」經營的咖啡廳。店內以白繭為設計意象而成，務必在此喝杯茶，品嘗ちもと的和菓子。

☎0460-85-5632 🏠箱根町湯本690 ⏰10～16時LO(週六、日、假日～17時LO) 🈳不定休(1年5天左右) 🚉箱根湯本站步行4分 🅿5輛 **MAP**P135E4

ちもと和菓子與抹茶的套餐700日圓。可挑選每月更換的當季和菓子

推薦
湯豆腐御膳1500日圓。豆腐採箱根湯本的湧水製成

↓1樓為餐桌座位,2樓為和式座位,共70個座位

和食

❸ りょうりぢゃやはなさがみ
料理茶屋花さがみ

以實惠價格品嘗豐盛海味及當地食材

運用駿河灣、相模灣捕撈的魚貝類和當地食材的和食店。人氣蓋飯有山藥泥蓋飯2160日圓～等，定食和甜品也相當美味。

☎0460-85-5160 🏠箱根町湯本703 ⏰11～15時LO、17～19時30分LO 🈳週二(逢假日則營業) 🚉箱根湯本站步行3分 🅿4輛 **MAP**P135E4

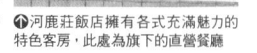

↑河鹿莊飯店擁有各式充滿魅力的特色客房,此處為旗下的直營餐廳

稍顯隱密
位在巷弄內的
足湯

任何人都可以免費使用位在「湯葉丼の店 直吉」(☞P97)前的足湯，可於用餐後到此小歇，或是悠哉地繞過來看看。流經倚大土瓶傾注而下的溫泉水，能夠消除因為走路而帶來的雙腳疲勞。

箱根湯本・塔之澤 箱根湯本商店街極品店家

洋食
ようしょくすこっと

④ 洋食スコット

推薦
附沙拉和白飯的牛排套餐1800日圓

回頭客眾多的復古西餐廳

開業於昭和31(1956)年，深受當地人喜愛的餐廳。店內可品嘗以牛排為首，可樂餅、沙拉等分量十足的西式餐點。10歲以下不可入內用餐。

☎0460-85-7744 住箱根町湯本694 ⏰11～14時30分LO (晚餐僅接受預訂) 休不定休 交箱根湯本站步行4分 P2輛 MAP P135E4

↑添加螃蟹味噌提味的蟹肉奶油可樂餅350日圓

←店內裝飾著常客贈與的繪畫和照片

義大利菜
いたりあしょくどう おるてんしあ

⑤ Trattoria ORTENSIA

充滿箱根風味的驚奇義大利麵登場

溫泉義大利麵850日圓蔚為話題，內含成分與溫泉相同，富含礦物質。瑪格麗特1250日圓等薄脆餅皮披薩也深獲好評。

☎0460-85-8388 住箱根町湯本706 (4F) ⏰11～18時30分 (有季節性變動) 休不定休 交箱根湯本站步行1分 P無 MAP P135F3

和風用品
きせつのざっか おりおり

⑥ 季節の雜貨 折折

商品注入四季的獨特風情

販售各式點綴和服布料的小東西和飾品等和風小物。特別推薦繪有可愛圖樣的竹製書籤，另外還有雙面可用的束口袋864日圓、迷你髮夾432日圓等商品。

推薦
出自女性個人設計師之手的竹製書籤324日圓。圖樣十分可愛

←商品會依季節，每2～3個月更換一次

☎0460-85-5798 住箱根町湯本694 ⏰10～17時 (有季節性、天候性變動) 休週三 (逢假日則翌日休) 交箱根湯本站步行3分 P無 MAP P135E4

↑運用獨家調味料調製出的溫泉義大利麵
→店主手工打造的店內模樣

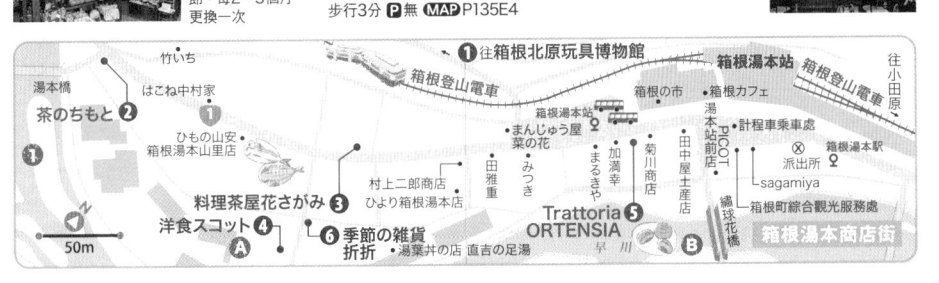

箱根湯本於8月會舉辦「燈街道」的活動，早川和須雲川沿岸的步道，夜間都會點上寄木細工製成的燈籠。

搭乘繡球花電車出發遊玩去！
來趟感受初夏氛圍的鐵道小旅行

搭乘箱根登山電車邊快速攀爬，邊飽覽車窗風景。
沿線的繡球花是由職員一手栽培，呈現初夏獨有的景緻。

はこねとざんでんしゃ
箱根登山電車

宣告夏日到來的
繡球花備受歡迎

開通於大正8(1919)年，為日本屈指可數的山岳鐵路。行駛小田原站至強羅站間15km的距離，緩慢穿梭在湯坂山等山林內，或早川溪谷沿岸。6月中旬至7月中旬，沿線的繡球花會盛開爭豔，因而獲得「繡球花電車」的暱稱。另外也有行駛配備大型瞭望窗的「ALLEGRA號」。

☎0465-32-6823（箱根登山鐵路 鐵路部）❶箱根湯本站出發往強羅的首班車5時50分，末班車23時9分 **MAP**P134B1

夜晚點燈後也十分美麗。
夜間的繡球花號

繡球花季期間行駛的列車，座位採預訂制。每日自箱根湯本站和強羅站往返行駛1～2班次。夜間點燈為18時30分～22時，行駛其間為6月下旬～7月初旬（2018年為6月16日～7月4日）。

單程710日圓，6月1日起開放訂票

はこねごうらこうえん
箱根強羅公園

栽種於園內大約10種100株的繡球花，會在6月上旬起一個月間迎來最美的時期。園方每年都繪蒐羅山繡球等各式珍稀品種，舉辦「繡球花展」。**DATA** ☞P60

已成公園象徵的大型噴水池

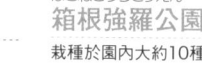
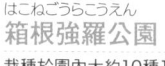
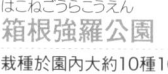
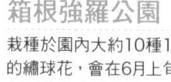
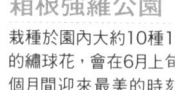
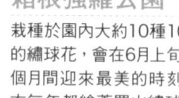
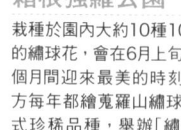

標高541m
強羅站

3分

轉乘箱根登山電纜車的車站

標高539m
雕刻之森站

3分

繡球花觀賞點
雕刻之森站前

標高523m
小涌谷站

標高436m
宮之下站

5分

人稱繡球花小徑的步道連綿在鐵軌旁

繡球花觀賞點
繡球花小徑

繡球花數量
No.1

標高337m
大平台站

7分

繡球花觀賞點
大平台站

3分

繡球花觀賞點
小涌谷站前

繡球花觀賞點
仙人台信號場

繡球花觀賞點
上大平台

信號場
上大平台

之字形行駛

為攀爬陡斜的山坡，列車會邊改變車頭車尾的行進方向，邊以之字形折返式前進，可說是下足了功夫。途中會在出山信號場、大平台站和上大平台信號場3地切換方向，一抵達這些地方就會替換駕駛與車掌。

為攀爬極陡坡所下的功夫

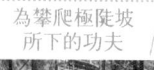

在出山信號場進行之字形行駛的模樣

繡球花是這樣的花卉

繡球花
（紫陽花・虎耳草科）

是一種花季落在梅雨季至夏天的落葉灌木。軌道沿線可見的繡球花大多是洋繡球，花色有藍、有紅、有紫，色彩繽紛。會從標高較低的箱根湯本站周邊依序往高處盛開。

綻放藍、紫花朵的洋繡球

以邊緣為中心綻放裝飾花的額繡球

あみだじ
阿彌陀寺

也稱為「繡球花寺」，住持親手栽種的繡球花繽紛了寺內環境。創建於室町時代，供奉著皇女和宮，也能聆聽住持講經或演奏琵琶（演奏附抹茶1000日圓）。

☎0460-85-5193 住箱根町塔之澤24 ¥❹休自由參拜 交塔之澤站步行23分 P20輛 MAP P133D2

繡球花寺

歷史悠久的寺院，佇立於山路盡頭

在這裡提升金錢運勢！

據說能從車站月台直接參拜，十分獨特

ふかざわぜにあらいべんてん
深澤錢洗弁天

弁天神社比鄰塔之澤站上行方向的月台。內部設有清水沖洗場，據傳在那裡將錢財清洗過後，就會獲得庇佑。為大正時代實業家，同時也是松井證券創辦人的松井房吉贊助興建。

住箱根登山電車塔之澤站內 ¥❹休自由參拜 P無 MAP P134C1

阿彌陀寺

標高153m
塔之澤站

繡球花觀賞點
箱根湯本站前

6分

出山信號場

4分

標高96m
箱根湯本站

繡球花的賞花期為稍早的6月中旬至下旬

沿途最壯麗的絕美景點

歷史悠久的鐵橋，已列為國家登錄有形文化財

はやかわきょうりょう（でやまのてっきょう）
早川橋梁（出山鐵橋）

自塔之澤站往強羅方向前進，便會經過此座鐵橋。橋體距離河面約40m，那幅生氣盎然的景觀，在沿途中也是數一數二壯觀。新綠、紅葉等四季各具獨有的風景，就廣布在車窗之外。

風景如畫，
箱根捎來的四季訊息

箱根深受大自然眷顧，四季都有許多值得欣賞的風景。
以下將介紹箱根綜合觀光服務處推薦的景點。

{春}

紅色、粉紅色、紫色等五顏六色的杜鵑花在箱根各地爭奇鬥艷。

5月上旬～中旬

おだきゅう やまのほてるのつつじていえん
小田急山之飯店的杜鵑庭園

三菱財閥第4代社長岩崎小彌太男爵的別墅遺址。眼前能瞭望蘆之湖的廣大庭園中，種滿杜鵑、玫瑰和石楠花。此處特別以賞杜鵑花聞名遐邇，園內綻放著當年男爵自全國收集來的杜鵑花，種類超過30種，數量約有3000株。

☎0460-83-6321 箱根町元箱根80 ¥800日圓(僅開園期) ⏰9～17時(僅開園期) 休無休 巴士站元箱根港搭接駁車5分 P100輛 MAP P141 A1

4月上旬～中旬

はやかわつつみのさくら
早川堤的櫻花

早川沿岸的堤防上，約種植150棵櫻花街道樹，共延續600m。當地於開花期間，會舉辦宮城野櫻花祭，可看見攤販並排路上。夜間點燈的景色也相當有看頭。 ☎0460-85-5700(箱根町綜合觀光服務處) 箱根町宮城野 ¥休自由參觀 巴士站宮城野步行4分 P約100輛 MAP P136B1

5 月上旬～中旬

ほうらいえんのつつじ
蓬萊園的杜鵑花

占地約1萬6000m²的用地內，有山杜鵑和霧島杜鵑等花卉繽紛庭園。也推薦前來欣賞春天的櫻花、秋天的楓紅。

☎0460-82-4111(箱根小涌園飯店) 箱根町小涌谷 ¥休自由參觀 巴士站蓬萊園下車即到 P無 MAP P136B4

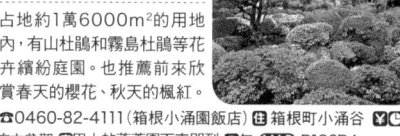

{夏}

繡球花6月中旬迎來盛開花期，是箱根遠近馳名的初夏景緻。

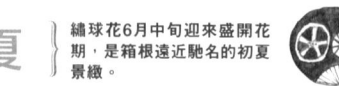

6月中旬～7月中旬

あじさいでんしゃ
繡球花電車

進入初夏時節，箱根登山電車沿線就會開滿繡球花。這些繡球花是1970年代初期，經職員之手一點一滴栽種出的成果。電車行駛時速約為20km，因此能慢慢欣賞途中景色。此外還有期間限定的夜間繡球花號(全席指定制)，專在夜間行駛，能欣賞到打燈後繡球花呈現出的夢幻場景。春天時，大平台站附近的枝垂櫻也是一大看點。

DATA 参照P40

5～8月

はこねびじゅつかんのこけにわ
箱根美術館的苔庭

美術館中覆蓋青苔的日本庭園，館方自日本各地蒐集而來的青苔種類約有130種。漫步於步道之後，到訪位在庭園內的茶室「真和亭」，喝杯抹茶700日圓，歇息片刻。

DATA 参照P60

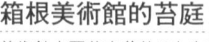
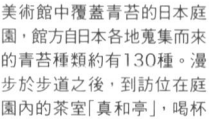

6月下旬～7月中旬

あみだじのあじさい
阿彌陀寺的繡球花

寺內由於約3000株繡球花美不勝收，因此又別名「繡球花寺」。另外，住持為琵琶高手，所以還會舉辦演奏會等活動。

DATA 参照P41

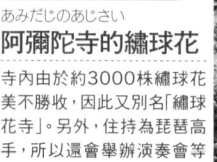

充滿春夏秋冬、當季花草的色彩，這正是箱根的魅力所在

箱根的魅力之一在於四季分明的景色。春天以杜鵑花最為著名，飯店和旅館的庭園等都會成為賞花好去處。

夏天則是繡球花盛開，

箱根登山電車的宮之下站至強羅站間，更是特別有看頭的賞花地點。

秋天時推薦賞看強羅周邊的楓葉。由於街道上也栽種楓樹，所以即使只有漫步在城鎮，依舊樂趣無窮。從箱根空中纜車上看

見的群山楓紅，也充滿情調，美得令人屏息。

提到冬天，就會想到聳立於萬里無雲天空下的富士山。特別是被夕陽餘暉染紅的富士山，此景美不勝收、為之動容。

【秋】

宛如鋪上一張金黃毛毯的芒草原，成為仙石原入秋後的象徵。

10月上旬～11月上旬

せんごくはらのすすきそうげん
仙石原的芒草原

約18萬m²的草原，廣布於台岳山麓。此片芒草原從前原是栽種茅草屋用的芒草，如今已是箱根一大風景名勝，遊客絡繹不絕。一條約500m的步道橫貫於草原之中，可於此飽覽芒草與箱根連山交織出的絕美景緻。☎0460-85-5700（箱根町綜合觀光服務處）住箱根町仙石 ¥休自由參觀 交巴士站仙石高原下車即到 P 200輛（僅9～11月的臨時停車）MAP P138B4

11月上旬～中旬

ちょうあんじのこうよう
長安寺的紅葉

創建已超過650年的寺院。寺內散落著五百羅漢像及現代雕刻家的作品，邊賞楓邊散步也樂趣十足。☎0460-84-3500（仙石原乙女觀光服務處）住箱根町仙石原82 ¥休自由參觀 交巴士站仙石步行2分 P 30輛 MAP P139D1

11月上旬～下旬

はこねびじゅつかんのこうよう
箱根美術館的紅葉

日本庭園中種植日本楓、大日本楓等約200棵楓樹。青苔的綠與楓葉的紅呈現出的對比實在美麗。
DATA ☞P60

【冬】

從大涌谷和蘆之湖等可眺望換上雪白妝容的富士山絕景。

12月中旬～2月下旬

あしのこのさかさふじ
蘆之湖的逆富士

倒映在蘆之湖湖面的富士山，宛如一幅畫，美不勝收。推薦在無風、空氣澄淨的冬季早晨前去觀賞。由於湖面一起漣漪便無法看見富士山的倒影，因此需在觀光船出航前到訪。元箱根港是最佳的觀景點，賞景時也能見到箱根神社的朱紅鳥居。
☎0460-85-5700（箱根町綜合觀光服務處）住箱根町元箱根 ¥休自由參觀 交巴士站元箱根港步行1分 P 逆富士停車場35輛 MAP P141C2

12月下旬～2月中旬

あしのこ
蘆之湖

冬天一積雪，蘆之湖附近一帶就會變成銀白世界。位在巴士站箱根支所前旁的湖畔與聳立恩賜箱根公園、箱根蘆之湖 成川美術館等地，都是可以將蘆之湖的景色盡收眼底的去處。☎0460-85-5700（箱根町綜合觀光服務處）住箱根町元箱根 ¥休自由參觀 交巴士站元箱根港步行1分 P 450輛 MAP P141A2

12月下旬～2月下旬

おおわくだにとふじさん
大涌谷與富士山

空氣冷冽的冬季，大涌谷的蒸氣會竄升得更高。晴天時以山頂積雪的富士山為背景，能欣賞到極具震撼力的景緻。
DATA ☞P58

箱根湯本、塔之澤的推薦景點

そううんじ
早雲寺

與戰國武將北条早雲極有淵源的古剎

大永元年(1521)，北条氏綱遵照父親早雲的遺言，創建此座禪寺。同時也因豐臣秀吉攻打小田原城之際，曾將大本營暫置於此而知名，如今寺院內還留有當時作為陣鐘使用的梵鐘。江戶時代寬永年間(1624～1645)，經十八世菊徑宗存和尚之手完成重建。**DATA** ☎0460-85-5133 🏠箱根町湯本405 ¥🈺自由參觀 🚃箱根湯本站步行10分 🅿5輛 **MAP**P135F4

小田原城主──北条氏的「菩提寺」。也會舉辦許多例行祭祀活動

寺內的梵鐘已列為神奈川縣的重要文化淵源，極富歷史淵源

ひらがけいびじゅつかん
平賀敬美術館

徜徉在藝術與溫泉中的奢侈時光

平賀敬的美術館以豐富的色彩、個性派畫風呈現出幽默的情愛。此棟建築物是他度過晚年的宅邸，已登錄為國家的有形文化財。館內也設有能純泡湯的溫泉設施。**DATA** ☎0460-85-8327 🏠箱根町湯本613 🕙10～17時 ¥700日圓(中、小學生400日圓。泡湯另計1100日圓(中、小學生500日圓) 🈺週三、四(逢假日則開館) 🚃箱根湯本站步行7分 🅿3輛 **MAP**P135D4

きのぴーはうす
木のぴー House

居家氛圍為最大魅力

老闆夫婦經營的西餐店。中午提供的每日特選午餐1080日圓，會有肉或魚的主菜，並附上白飯、湯品和沙拉。週二及週五的主菜為分量十足的漢堡排，許多人是專程來享用這道美味。**DATA** ☎0460-85-5156 🏠箱根町湯本206 🕙11時30分～14時30分、18～21時 🈺週一(逢假日僅販售午餐) 🚃箱根湯本站步行9分 🅿3輛 **MAP**P135F2

すてーきはうすよしいけ
STEAK HOUSE YOSHIIKE

在箱根享用神戶風格的牛排

吉池旅館(☞P21)的牛排屋。主廚會在顧客眼前豪邁地料理日本產牛排，完全就是用五感在品嚐牛排。午餐時段有牛排或海鮮主菜附沙拉及白飯3564日圓。**DATA** ☎0460-85-5714 🏠箱根町湯本597 🕙11～14時30分LO(週六、日、假日～17時LO)、17時30分～21時30分LO 🈺不定休 🚃箱根湯本站步行7分 🅿70輛 **MAP**P135D4

ほんまよせぎびじゅつかん
本間寄木美術館

匯集寄木細工魅力的美術館

館內展示約200件江戶至昭和時代貴重的寄木細工作品。於此不僅可欣賞作品，還能參觀傳統工匠的實際製作，也能參加杯墊DIY(1人900日圓，需2人以上報名)的體驗教室，吸引力十足。紀念品店中販售自家工坊製作的作品。**DATA** ☎0460-85-5646 🏠箱根町湯本84 ¥500日圓 🕙9～17時 🈺1月1日 🚃入生田站步行9分 🅿15輛 **MAP**P90A1

はこねかれー こころ
箱根かれー 心

源自箱根的原創咖哩

咖哩是用精心熬煮的高湯和17種香料製成，還使用人稱延命之水的玉簾瀑布(☞P45)湧水。加入大量滷豬肉塊和蔬菜的「心」咖哩1100日圓等，店內提供8種菜色。**DATA** ☎0460-85-8556 🏠箱根町湯本206 🕙11時30分～14時LO、17時30分～21時LO 🈺週一(逢假日則營業) 🚃箱根湯本站步行9分 🅿4台 **MAP**P135F2

はこねなかむらや
はこね中村家

以當地新鮮魚貨製成的握壽司

必點的餐點是竹筴魚及星鰻(穴子)壽司2160日圓。使用每日自小田原港進貨的生猛竹筴魚；江戶風的星鰻(穴子)，塗上超過50年持續添加熬煮的醬汁，擁有入口即化的口感。10～5月限定的蒸壽司2376日圓，上面擺有蝦或花枝，也相當受到歡迎。**DATA** ☎0460-85-7351 🏠箱根町湯本691 🕙12～18時 🈺週三(逢假日則營業) 🚃箱根湯本站步行4分 🅿無 **MAP**P135E4

たいごはんかいせき ようらく
鯛ごはん懷石 瓔珞

店家自豪的是香氣濃郁的鯛魚飯

以新鮮真鯛製成的鯛魚飯廣受好評。在昆布高湯炊煮的米飯上，鋪蓋著仔細撕搗開的鯛魚肉。鯛魚飯懷石膳「櫻」3024日圓，內附生魚片、炸蛋豆腐等菜餚。**DATA** ☎0460-85-8878 🏠箱根町塔之澤84 🕙11時30分～14時30分、17時30分～19時(週一、二、四僅中午營業) 🈺週三 🚃塔之澤站步行4分 🅿6輛 **MAP**P134C1

菊川商店
さくがわしょうてん

一口大小的西式甜饅頭

熱銷超過50年的長賣商品「箱根香烤蛋糕甜饅頭」10個裝700日圓~。高人氣的秘密在於外層蛋糕，是以小田原養雞場直送的雞蛋製成，口感鬆軟又綿密。內餡則是包入北海道白四季色的甜白豆餡。此外也有販售魚板等加工食品。**DATA** ☎0460-85-5036 住箱根湯本706 ⏰8~19時 休週六 交箱根湯本站步行1分 P無 **MAP**P135F3

丸嶋本店
まるしまほんてん

長年深受民眾喜愛的代表性伴手禮

創業於明治30（1897~1906）年代，是老字號的溫泉饅頭店，元祖箱根饅頭10個裝950日圓，有白色和褐色2種，外皮下裹覆著微甜的豆沙餡。要若在店頭品嘗剛蒸好的，推薦購買零售的1個90日圓。**DATA** ☎0460-85-5031 住箱根湯本706 ⏰8時30分~18時（有季節性變動）休原則上無休 交箱根湯本站步行1分 P無 **MAP**P135F3

sagamiya
さがみや

使用堅果的馥郁甜點

以堅果甜點屋為概念的店家。用焦糖完美覆裹7種堅果的「焦糖堅果塊」430日圓~、核桃、榛果的風味、有口感薄脆的外皮，令人垂涎三尺。以派皮包覆栗子和花生的「箱根堅果酥」1個265日圓也備受歡迎。**DATA** ☎0460-85-6610 住箱根町湯本706-35 ⏰9~17時 休無休 交箱根湯本站步行1分 P無 **MAP**P135F3

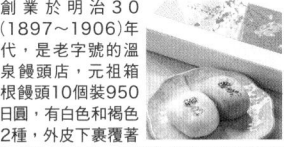

田雅重
たがじゅう

店頭陳列種類豐富的商品

店售商品是小田原名產的魚漿及山葵產品，種類豐富。推薦購買以白蘭地提味、炙烤到香氣四溢的現烤魚板6個裝1296日圓；於磨成泥的山葵中加入大量的切塊山葵，粗切山葵540日圓。本自日本各地的訂單也非常多。**DATA** ☎0460-85-5770 住箱根町湯本702 ⏰9~17時30分 休週六 交箱根湯本站步行2分 P無 **MAP**P135E3

箱根焙煎珈琲
はこねばいせんこーひー

講究的咖啡&霜淇淋

收到訂單後才著手烘焙生豆的咖啡豆專賣店。咖啡350日圓，使用剛烘焙完成的咖啡豆，口感溫潤，還會留下清爽的後味。不只咖啡，也相當推薦不會太甜、風味絕佳的咖啡生奶霜淇淋350日圓。可坐在店家前方的長椅上品嘗這些美味。**DATA** ☎0460-85-5139 住箱根湯本702 ⏰10~17時 休不定休 交箱根湯本站步行2分 P無 **MAP**P135E4

村上二郎商店
むらかみじろうしょうてん

販售種類豐富的梅乾

將契約農家栽種的國產梅製成梅乾後販售。而內陳列時的店家。使用紀州產南高梅醃漬成偏甜口感的「味びったり」1個190日圓；添加辣椒的「梅太子」200g1450日圓等商品。又酸又甜的梅子果糖「梅びより」180g780日圓，不只可以搭配吐司，也很適合搭配白飯一起享用。**DATA** ☎0460-85-6171 住箱根町湯本702 ⏰8時30分~18時 休無休 交箱根湯本站步行3分 P無 **MAP**P135E4

ひより箱根湯本店
ひよりはこねゆもとてん

以天然和紙製作的高品質吸油面紙

店家引以為傲的吸油面紙，採用與金箔相同的製作方式；緊壓和紙，將其延展至極限般輕薄如絲，藉此鬆開紙張纖維，吸附性極佳的吸油面紙就此誕生。共售8類41種商品，包裝盒上描繪箱根風景的「富士山」和「溫泉宿」大張各486日圓等。**DATA** ☎0460-85-7055 住箱根町湯本702-1 ⏰10~18時 休不定休 交箱根湯本站步行3分 P無 **MAP**P135E4

竹いち
たけいち

專業師傅手工製作的魚漿產品

招牌商品為魚漿丸10個裝1404日圓。將白口魚或鱈魚或白肉魚磨入石臼中精心碾碎，再混入蔬菜下鍋油炸。有甜味恰到好處的洋蔥口味，和能夠享受酥脆口感的牛蒡口味這2種。店內提供試吃。也有販售季節限定商品，需先確認是否販賣。**DATA** ☎0460-85-6556 住箱根町湯本729 ⏰9~18時 休週四 交箱根湯本站步行2分 P1輛 **MAP**P135E4

---

column

受矚目的靈場！
在玉簾瀑布重振精神

位在天成園飯店的用地內。相傳瀑布源頭的湧水為延命之水，長久以來讓箱根山嶺的旅人潤喉解渴。與謝野晶子也曾到訪，並於此吟詠和歌。**DATA** ☎0460-83-8511（天成園）住箱根町湯本682天成園內 ⏰8~17時 ¥休自由參觀 交箱根湯本站步行12分 P250輛（30分內免費，超過後每30分500日圓）**MAP**P134C2

箱根湯本・塔之澤 ● 不妨到這裡走走 箱根湯本、塔之澤的推薦景點

以野餐的心情
欣賞藝術

前往雕刻之森美術館(☞
P54)，藝術作品散布在
廣大的草地庭園中。

寄木造型的可
愛蛋糕

重點看過來！

到訪老字號的
富士屋飯店

富士屋飯店和洋折衷的建
築物是宮之下的地標，內
部十分富麗堂皇。(☞P50)

重點看過來！

自大涌谷觀賞
絕美景色

大涌谷蒸氣竄升，此景點
能夠體驗箱根的溫泉氛
圍。(☞P58)

包有梅乾的
紅豆麵包

發展成箱根休閒度假的中心

宮之下・
小涌谷・強羅

みやのした・こわきだに・ごうら

宮之下・小涌谷・強羅
位在這個地方

仙石原　　　強羅　宮之下　箱根
桃源台　大涌谷　　　　　　塔之澤
　　湖尻　　　　　　　　畑宿
蘆之湖　　　箱根町

access

〈搭乘電車〉●自箱根湯本站出發
乘坐箱根登山電車至宮之下
站26分，至小涌谷站31分，
至強羅站37分

〈開車〉●自箱根口交流道
行駛國道1號至宮之下約
10km，至小涌谷約12km；
行駛國道1號及縣道723號
至強羅約14 km

洽詢
☎0460-82-1311
箱根宮之下觀光服務處
MAP P137F1

洽詢
☎0460-82-2300
箱根強羅觀光協會
MAP P136B1

是
這
樣
的
地
方

自明治時期富士屋飯店開業以來，宮之下就
以休閒度假勝地的型態，持續發展。SEPIA
通深受眾多外國觀光客喜愛，街上訴說昔日
往事的古董店節次鱗比。位在箱根登山電車
沿線的小涌谷及雕刻之森，則是散布著不少
休閒設施。終點站的強羅是規模僅次於箱根
湯本的溫泉區。

～宮之下・小涌谷・強羅 快速導覽MAP～

步行路線
電車路線

白強羅站前往早雲山、大涌谷方向
強羅站為電纜車的東側起點，連接箱根登山電車。

豐臣秀吉浸泡過的太閤石浴池
據說他在入主小田原城時，曾在此泡湯。現在已無溫泉湧出。

強羅

強羅溫泉
箱根太陽山莊
箱根寫真美術館
箱根登山電纜車
公園下站
公園上站
箱根強羅公園

攀登箱根群山的繡球花電車
6月中旬~7月中旬是箱根登山電車沿線繡球花的最佳觀賞期。

強羅站
5 田むら銀かつ亭
（☞P98）
6 箱根銀豆腐
（☞P61）

宮城野桶

強羅花壇
木賀の里
雕刻之森站
箱根中

宮之下

3 箱根てのゆ
（☞P17）
1 宮之下 SEPIA通
（☞P48）
堂島溫泉

4 雕刻之森美術館
（☞P54）
底倉溫泉
二之平溫泉
木賀溫泉
富士屋飯店
（☞P50）
新田神社
太閤石浴池
常泉寺
熊野神社
箱根登山電車
宮之下溫泉
宮之下站
往箱根湯本

箱根町社會教育中心圖書室
山王神社
小涌谷溫泉
箱根小涌谷 Yunessun
箱根小涌園 天悠
岡田美術館
蓬萊園

小涌谷站
小涌谷

0 200m N

觀光的提要
小田急線往返1次與7種交通工具無限乘坐
欲享乘坐交通工具的樂趣，購買箱根周遊券最為划算，自新宿出發5140日圓（2日券），期間可無限次搭乘登山電車、巴士、電纜車和空中纜車等。

宮之下・小涌谷・強羅

推薦行程時間
5小時

此區景點的遍布範圍相當廣。宮之下至小涌谷、強羅周邊有許多的斜坡，因此基本上是搭乘電車或巴士遊逛。抵達強羅站後，務必品嘗當地著名的豆腐料理。

起點	1	2	3	4	5	6	終點
	參觀	參觀	純泡湯處	參觀	用餐	購物	
箱根登山電車 宮之下站	宮之下SEPIA通	富士屋飯店	箱根てのゆ	雕刻之森美術館	田むら銀かつ亭	箱根銀豆腐	箱根登山電車 強羅站
	▶步行3分	▶步行4分	▶步行8分	▶由雕刻之森站出發，乘坐箱根登山電車3分，強羅站下車後步行3分	▶步行1分		
				自雕刻之森美術館步行13分至忘じ坂站，乘坐箱根登山電車12分，雕刻之森站下車後步行3分			

47

陶醉在雋永的景色之中，
信步遊逛宮之下SEPIA通

以富士屋飯店為首，SEPIA通上比鄰著一間間典雅的店鋪。
信步遊逛，會發現好像能夠拍出復古的照片。

宮之下SEPIA通是什麼樣的地方

宮之下以富士屋飯店為中心繁榮興盛，SEPIA通為當地的主要大街。展示老照片的照相館和古董店櫛比鱗次，至今都還留有明治時期的風貌，和外國人鍾情的獨特氛圍。

由於位在車流量大的國道1號沿線，因此散步時要小心

↑也販售古伊萬里燒製品和江戶錦繪

❶ やまや

自江戶時代後期開店至今的古董店

以實惠價格販售帶有美麗原木色調的寄木細工商品。有大正～明治時代的作品，或值25萬日圓的衣櫥等高價的寄木細工商品也是可看之處。貴重的古物和寄木細工訴說著時代的故事。☎0460-82-3238 ⓗ箱根町宮ノ下187 ⏰9～17時30分 ⓦ無休 ⓧ宮之下站步行6分 Ⓟ1輛 ＭＡＰP137E1

↑2隻招牌狗會出來迎賓

→堅固又方便使用的寄木書套6500日圓

↓兔形鐵輪2000日圓

❷ S.M.SHIBA 美術商 芝商店

深受貴重美術品的吸引

明治20(1887)年於橫濱創立後，明治時代末期遷移至此。販售品項以色彩鮮艷的中國古陶瓷器為首，還有浮世繪木板畫、西洋的古董飾品、配件。
☎0460-82-2120 ⓗ箱根町宮ノ下223 ⏰10～18時 ⓦ週三（逢假日則營業）ⓧ宮之下站步行7分 Ⓟ1輛 ＭＡＰP137E1

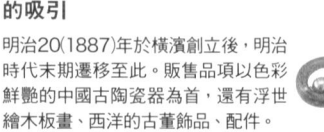

↑古董玻璃製成的垂吊耳環9700日圓

↑眾多喜愛收集古典美術品的女性會前來造訪

↑與富士屋飯店一樣由專門修建神社、宮殿的木匠經手，外觀時髦

以「宮之下懷舊」
為主題的
藝術風格

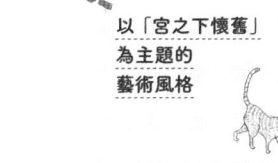

可聚焦在SEPIA通周邊的懷舊風格藝術品。打造這些藝術品的是一群充滿個性的年輕創作者。置放於宮之下站等5個地方。照片為作品「緣」（MAP P137F1）☎0460-82-1311（宮之下觀光協會）

照相館
❸ 嶋写真店
しましゃしんてん

以確實的技術持續拍攝的老店

曾幫海倫凱勒、三島由紀夫等國內外名人拍照的照相館。櫥窗裡排列著傾訴歷史的照片。不妨來此拍張照，當作到訪SEPIA通的紀念。

☎0460-82-3329 住箱根町宮ノ下372 ⏰10～18時 休不定休 交宮之下站步行4分 P1輛 MAP P137E1

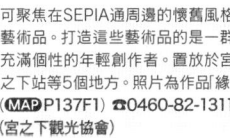

↑拍攝復古色調的照片1張5400日圓～

↑足湯等也是使用奈良旅館時代的源泉
←裝修屋齡50年的建築。陡斜的階梯和古雅懸樑引人注目

咖啡廳
❹ NARAYA CAFE
ならや かふぇ

透過咖啡和足湯暖和身心

咖啡廳本為江戶時代創業的奈良屋旅館，可邊泡足湯邊享用飲料或輕食。上頭放有白玉湯圓的奈良屋聖代500日圓也值得一嘗。

☎0460-82-1259 住箱根町宮ノ下404-13 ⏰10時30分～18時（12～2月為～17時）休週三、第4週四（1月中～下旬為冬季公休）交宮之下站下車即到 P3輛 MAP P137F2

↑店內裝飾著具有歷史痕跡的奈良旅館招牌

↑熱狗淋上有機番茄製成的特調醬料430日圓

↑明治11(1878)年創業，店頭擺飾名人和箱根的風景照

用餐處
❺ 宮ノ下食堂 森メシ
みやのしたしょくどう もりめし

在宮之下站前，位置絕佳

可於翻修自古民宅的店內，邊遠眺箱根的群山，邊慢慢享用餐點。午餐為海鮮炸牡蠣蓋飯1490日圓，使用的是相模灣的魚貝類，深受顧客喜愛。

☎0460-83-8886 住箱根町宮ノ下404-13 ⏰11時30分～15時、17～21時（有季節性變動）休週二 交宮之下站下車即到 P無 MAP P137F2

↑小田原產竹筴魚為主角的竹筴彩蓋飯1382日圓

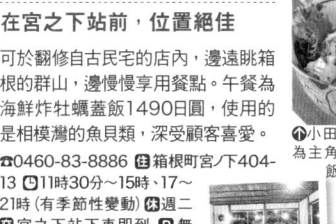

←翻修古民宅的店內

（地圖）
往堂島溫泉
宮之下
❷ S.M.SHIBA 美術商 芝商店
やまや
往宮城野
張伯倫步道
宮ノ下食堂 森メシ ❺
往箱根湯本←
茶房つぐみ
Café de motonami
箱根町宮ノ下觀光服務處
SEPIA通
138
宮之下停車場
❸ 嶋写真店
川邊光榮堂
王堂文庫跡
繡球花坡
Watanabe Bakery
富士屋飯店
熊野神社
箱根登山鐵路
NARAYA CAFE ❹
宮之下站
往箱根本道→
往箱根小涌園
往無人平交道↙　往強羅站→

到風格傳統的富士屋飯店
體驗古典氣息吧

富士屋飯店具有將近140年的歷史，是間名符其實的老牌知名飯店。
參觀昔日風采依舊的建築物、遊逛庭園後，就去享用飯店的美食吧。

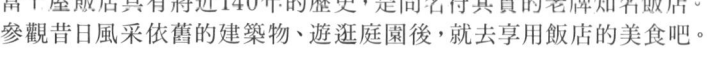

①

ふじやほてる
富士屋飯店

**歷史悠久的知名飯店
散發濃厚的建築美感**

明治11（1878）年經營至今，
是日本首座正統的休閒度假飯
店。曾留學美國的創始者山口仙
之助，以和洋折衷的獨特風格
一手建成，為喜劇泰斗卓別林
等眾多VIP名人鍾愛的箱根代
表性飯店。

☎0460-82-2211 住箱根町宮ノ下
359 休無休 交宮之下站步行7分 P
110輛 MAP P137E1 ※2018年4
月起因裝修工程歇業2年

③

②

1 厚實感十足的木造本館 2 穿過本館的旋轉門後立刻映入眼簾
的樓梯 3 保留在大廳裡的第二代櫃台，上頭有幅雕刻，描繪源
賴朝在富士山中群人圍獵的景象，令人嘆為觀止 4 主餐廳已是
國家登錄的有形文化財，格子天花板上繪有高山植物的圖樣
5 以海倫凱勒當年喜愛的長尾雞為雛形雕刻出的裝飾品

可從高台上的窗戶俯瞰舊館

四季時令的花草極具魅力，6月上旬～7月上旬還有螢火蟲飛舞

房客限定的館內參觀導覽團

工作人員陪同巡覽飯店內部，並講解歷史典故和鮮為人知的小故事。房客可免費參加。16時開始，需時40分，不需預約。（平日限定）

❶森林館

興建於昭和35(1960)年的建築物，為鋼筋水泥建築，客房則備有豪華雙床房、高級雙床房等房型。

❷庭園

占地約5000坪，廣布著水車小屋庭園、溫室和英式花園等處所。20分左右能繞行一圈。

▶1樓設有大廳、交誼廳，2樓則是客房
◀Lounge Orchid的寄木細工風大理石蛋糕831日圓

❸本館

和洋折衷的建築物，寺院般的瓦片屋頂和唐破風的玄關令人印象深刻。此館建於明治24(1891)年，可說是飯店的門面。

「The‧Fujiya」的名菜，牛肉咖哩2473日圓

❹食堂棟

昭和5(1930)年落成的建築物，內部1樓設有主酒吧「Victoria」，2樓則有主餐廳「The‧Fujiya」。

露天泳池
水車
溫室
瀑布之間（宴會廳）
❶森林館
❷庭園
❼西洋館
❸本館
❻花御殿
❹食堂棟
❺別館‧菊華莊
138
BAKERY & SWEETS PICOT本店

富士屋飯店MAP

❼西洋館

明治39(1906)年登場的西洋建築，可上下移動的實木百葉窗是注目焦點。客房的天花板挑高很高，備有標準雙床房等3種房型。

由1號館及2號館構成

❻花御殿

昭和11(1936)年落成的住宿設施。大型的千鳥破風屋頂與仿照校倉造結構的牆壁醞釀出豪華的氛圍。地下1樓還設有史料展示室，介紹飯店的歷史。

外國人稱此處為花朵宅邸，相當受歡迎

❺別館 菊華莊

數寄屋風格書院造的建築物，明治28(1895)年建成，當時以作為皇室的宮之下御用宅邸而建造。客房僅3間，是飯店中唯一有和室的客房棟。日本庭園和全檜木打造的包租浴池深受旅客喜愛。

昭和21(1946)年起就變成富士屋飯店所有

約翰藍儂一家和許多外國重要人士都曾下榻於此。

老店精緻商品非常吸引人。
把富士屋飯店的精品帶回家

此間著名飯店滿足了眾多名人刁鑽的品味和味蕾，
這裡有販售高級好物，不妨購買這裡的精品當作伴手禮。

最具代表性

原創品牌

牛肉咖哩、
雞肉咖哩　各810日圓
主廚推薦的真空包裝咖哩，增添椰奶口感
更加滑順

沙拉醬　各756日圓
和風、芝麻、紅蘿蔔和番茄4種

濾掛式咖啡
5包裝928日圓
混和哥倫比亞產及中南美產的咖啡豆，能品
嘗到柔順酸味與深厚的香氣

原創茶品　各1296日圓
除錫蘭紅茶的烏巴茶及汀普拉茶的混合茶
外，也有販售玫瑰香味的花草茶

美食伴手禮

長年來有眾多愛好者推崇的
原創商品在這裡！
在家中也能輕鬆享用
飯店餐廳提供的
一流美味。

楓糖漿　1080日圓
使用加拿大魁北克地區採集限制的最高品質
原料，將楓樹樹液熬煮而成的無添加楓糖漿

使用天然水

箱根富士屋啤酒　330㎖770日圓
使用小涌谷的天然水，口感香醇清爽的尾韻
備受喜愛

豬肉香腸　1包626日圓
把熟成後的豬肉粗絞肉灌入天然羊腸，接著
煙燻。帶有清脆響聲的口感，讓人一吃上癮

果醬　各918日圓
果醬為保留果肉的類型。共有含皮橘橙果醬
等3種，於飯店早餐中相當受歡迎

べーかりーあんどすいーつぴこっと ほんてん
BAKERY&SWEETS
PICOT本店

位在國道1號沿線的飯店用地內。

DATA ☞P102

創業130周年
紀念的原創泰
迪熊5400日
圓,身穿與飯
店門屋屠蟬平如
出一轍的制服

蘋果派　1片594日圓
1個4320日圓
香氣四溢的派皮中,包裹著分量十足的蘋果
內餡是人氣No.1的甜點

經典咖哩麵包　324日圓
咖哩餡的味道與知名咖哩相似,跟微甜
的外層麵包根本絕配

喜愛起司的人
絕不能錯過

宮之下起司蛋糕
1個1728日圓
混和兩種奶油起司後烘烤製成的烤起司蛋糕

綿密
柔軟

麵包 & 甜點

富士屋飯店烘培坊
「PICOT」烤製出的搶手麵包和
甜點也不可錯過!
潔淨的大平台名水和飯店的傳統製法
正是美味的關鍵。

宮之下蛋糕捲　1296日圓
蛋糕捲是以綿柔的海綿蛋糕包覆焦糖和卡士
達奶油而成

宮下布丁　324日圓
加拿大魁北克產的楓糖,賦予布丁高雅的甘
甜與深度

葡萄乾麵包　648日圓
外層微甜的麵包,搭配具有酸味的葡萄乾簡
直絕配。迷你尺寸388日圓

富士屋麵包乾　5包裝864日圓
原創麵包乾;製法與PICOT的吐司相同 也
有販售1盒(10袋裝);1728日圓

吐司　3斤972日圓
飯店三明治也使用此款吐司。另售1.5斤496
日圓

漫步野外欣賞藝術，近身體驗雕刻之森美術館的魅力

極具個性的雕刻群，以雄偉群山與寬廣天際為背景。
一邊徜徉在箱根的大自然裡，一邊欣賞大師們的名作。

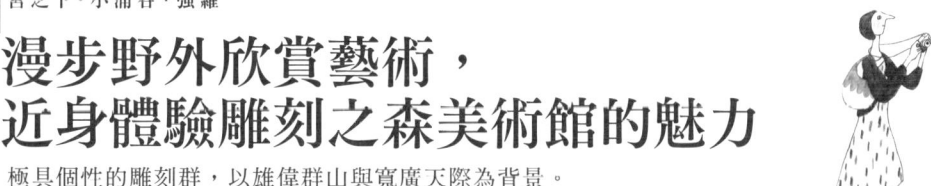

希臘神話英雄
射下怪鳥的瞬間

愛彌兒・安東尼・
布爾德爾
《拉弓的海克力士》

妮基・桑法勒
《Miss Black Power》

購物中心

ちょうこくのもりびじゅつかん

參觀時間 90分

雕刻之森美術館

以箱根群山為背景的博物館

昭和44（1969）年開館，為日本首座戶外美術館。占地約7萬㎡的用地上，展示著約120件雕刻作品，讓人可以邊悠閒遊逛，邊欣賞融入箱根大自然般佇立的作品。此外，也不可錯過畢加索館等5處室內展館、足湯、咖啡廳和商店。

☎0460-82-1161　住箱根町二ノ平1121　¥1600日圓　●9～17時（入館截至閉館前30分）　休無休　交雕刻之森站步行2分　P400輛（5小時內500日圓）

MAP P136C3

參觀前 check!

如欲進一步了解

想邊聽解說邊欣賞作品的人看過來！只要以專用筆輕觸地圖上的作品，便可聽語音導覽。

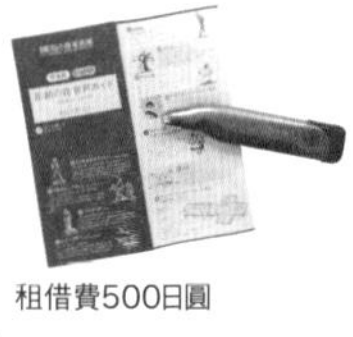

租借費500日圓

The Hakone Open-Air Museum Café

『步行之花』

畢加索館　溫泉足湯

『拉弓的海克力士』

『剖半分離的橫臥像』

『星星庭院』綠茵廣場

圓形廣場　●屋外展示場

本館展覽廳　『Miss Black Power』

購物中心

出口

入口　噴水

往雕刻之森站

巴士站彫刻の森

不妨來份
日本茶套餐？

大佐和老鋪的茶葉「あさつゆ」（靜岡縣掛川產），是人稱天然玉露的珍稀品種，日本茶套餐600日圓是以此茶飲搭配新潟菓子老店的產品，十分受歡迎。提供時間為14～16時30分，欣賞雕刻的途中，不妨前去品嘗，歇腳片刻。

宮之下‧小涌谷‧強羅 ● 近身體驗雕刻之森美術館的魅力

費爾南‧雷捷
《步行之花》

畢加索館內展示西班牙藝術巨匠巴布羅‧畢卡索的作品

走累了，就到足湯洗滌疲憊

畢加索館以陶藝為中心，典藏油畫和版畫等319件作品

亨利‧摩爾
《剖半分離的橫臥像》

博物館商品
也不容錯過！

博物館商店中藝術感十足的商品琳瑯滿目。用眼欣賞的同時，找尋一下時髦的伴手禮吧。

Kozue Hibino
原創馬克杯
1296日圓
服裝設計師Kozue Hibino設計的馬克杯

原創
紙膠帶
各335日圓
共2款，分別是滿布雕刻作品的「icon」和以展示作品為主題的「足跡」

かまわぬ的日式手巾
各1080日圓～
與代官山日式手巾店「かまわぬ」合作的商品，以雕刻之森美術館和箱根為設計意象

備有各式普及教育的活動行程，例如開設「於雕刻之森美術館的寫生體驗」等工作坊或提供諮詢。

55

令人嘆為觀止的遼闊全景！
搭乘箱根空中纜車漫步天際

空中纜車越過箱根的群山與谷地，賞景視野無與倫比。
從能360度環景的車廂內，飽覽當地景緻。

拍照點 📷 晴天時富士
山清晰可見

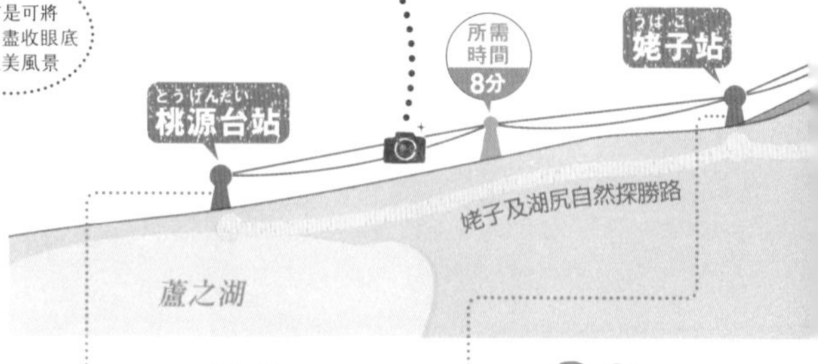

拍照點 📷

眼前是可將
蘆之湖盡收眼底
的絕美風景

所需
時間
8分

とうげんだい
桃源台站

うばこ
姥子站

姥子及湖尻自然探勝路

蘆之湖

はこねろーぷうぇい
箱根空中纜車

享受單程25分的空中之旅

總長約4km的空中纜車，連結早雲山站至蘆之湖畔的桃源台站，途中能眺望富士山、蘆之湖和大涌谷這些震撼力十足的景觀。空氣澄淨的日子，甚至可從大涌谷看見東京的晴空塔。

☎0460-82-3052(早雲山站)、☎0460-84-8887(紀念品店、桃源台景觀餐廳) 🏠箱根町強羅1300(早雲山站) 🕘9～17時(有季節性變動) 🏪天候不佳時 🅿早雲山站:110輛、大涌谷站:112輛(1日520日圓)、姥子站:90輛、桃源台站:40輛及收費200輛(1日500日圓) 〔MAP〕P140B1

票價表

	桃源台		730日圓	1050日圓	1370日圓	單
來	1310日圓	姥子		730日圓	1050日圓	程
回	1880日圓	1310日圓	大涌谷		840日圓	
	2410日圓	1880日圓	1510日圓	早雲山		

とうげんだいえき
標高
741m
桃源台站

空中纜車於蘆之湖畔的起站。為轉乘箱根登山巴士及箱根海賊船(☞P78)的轉運車站，十分熱鬧。同時也設有眺看蘆之湖的餐廳和紀念品店。

到景觀餐廳大啖朝霧
高原豬肉製成的炸豬
排1300日圓

同時也是巴士和箱
根海盜船的起、終
站，因而人聲鼎沸

うばこえき
標高
878m
姥子站

位於桃源台站和大涌谷站中間位置，周邊有姥子溫泉和健行步道。由於設有免費停車場，因此也可從此站出發。

車站前展示
的初代及第
2代車廂

箱根空中纜車採全安全設計，
風速低於30m都OK！

採用複式單索架空系統，讓兩條鋼索的間距大於車廂寬度，藉此讓纜車因強風停駛的情況比以前大幅減少，使通行變得更加便利。

宮之下・小涌谷・強羅 ● 搭乘箱根空中纜車漫步天際

可遠望以大文字燒聞名邂逅的明星岳

拍照點 📷

所經之處都有溫泉湧出

拍照點 📷

富士山

所需時間 **8分**

おおわくだに
大涌谷站
轉乘

所需時間 **8分**

そううんざん
早雲山站

大涌谷及姥子自然探勝路

おおわくだにえき
大涌谷站
標高 **1044m**

位在標高最高的地點，能飽覽蒸氣竄升的大涌谷及富士山絕景。大涌谷車站食堂的「特製」大涌谷咖哩1050日圓相當正統。

中途下車，到大涌谷（☞P58）觀光

戳破溫泉蛋加以攪拌，口感會變得十分溫潤

そううんざんえき
早雲山站
標高 **757m**

箱根登山電纜車的轉乘站。自車站前的瞭望露台可望見箱根連山和強羅的街景，天氣好時甚至可看見相模灣。

也是箱根登山電纜車的轉乘站

也有許多原創商品！

GO!GO!空中纜車1500日圓

箱根交通工具磁鐵3個1組700日圓

※原創商品可於各紀念品店購買。

親身體會大自然的威力，
遊逛蒸氣噴發的大涌谷

大涌谷粗獷的山坡地表竄升出火山氣體和蒸氣。
火山是溫泉的源頭，這是個能夠體驗火山威力的景點。

佇立「神奈川
名勝50選」的
紀念碑

|煙霧陣陣|

從80多處噴出火山氣體的噴發地

大涌谷是什麼樣的地方

箱根連山的最高峰是標高1438m的神山，大涌谷因此山的水蒸氣爆炸而產生。如今火山活動依舊活躍，岩石表面會噴出硫磺臭味的火山氣體，這個震撼力十足的畫面是箱根觀光的精彩處之一。天氣晴朗時能望見箱根連山和富士山，就來此邊散步邊近身體驗大地的呼吸吧。

☎0460-84-9605（大涌谷くろたまご館）🏠箱根町仙石原1251 ¥自由參觀 ⏰9〜17時 🈳無休 🚌大涌谷站下車即到 🅿146輛（收費）
MAP P140B1

☀ Check point ☀

❶ 形成歷史

約5000年前
重複出現火山活動及小規模的噴發後，形成箱根連山。

約3000年前
於神山發生大規模水蒸氣爆炸，山坡崩落。

約2900年前〜現在
火山氣體自爆炸遺址持續噴出，形成現今的大涌谷。

❷ 名稱歷史

從前世人稱此地為「大地獄」，但在明治天皇到訪之際，以此名稱接待太過失敬，因而更名為「大涌谷」。

荒涼一片
的明治時
代大涌谷

據說會庇佑長壽和孩童成長茁壯

大涌谷漫步行程

❶ えんめいじぞうそん
延命地藏尊

前往噴煙地時會先經過的地藏尊。相傳是超過1100年前，弘法大師祈願居住此地的人們可獲得救贖，而建立此祠堂。

❷ ふんえんち
噴煙地

能看見蒸氣從大岩石間噴出。由於硫磺氣味嗆鼻，身體狀況不佳者切勿靠近禁止進入的地方。

含硫化氫的白煙向上竄升

宮之下・小涌谷・強羅 ● 遊逛蒸氣噴發的大涌谷

※2017年4月時，曾因箱根火山活動的影響，已禁止進入自然研究路，與大涌谷及湖尻自然探勝路。此外，設施的營業時間和公休日期等亦有變更，因此出發前請先至官方網站確認狀況。

延命地藏尊❶

地獄谷

極樂茶屋

閻魔台
❷噴煙地
玉子茶屋

姥子自然探勝步道

大眾公共浴池

廁所

停車場

❸涌わくキッチン
❹箱根地質博物館
❺大涌谷くろたまご館
大涌谷車站站食堂(3F)

往神山

往早雲山站

大涌谷站　箱根空中纜車　往姥子站、及桃源台站

往湖尻

❸ わくわくきっちん
涌わくキッチン

可將大涌谷噴煙地和富士山盡收眼底的自助式餐廳。45分吃到飽1800日圓，醬汁為黑色的大涌谷黑咖哩極受歡迎。
☎0460-84-9605 ⏰11～15時（最終入場14時30分）休無休 **MAP** P140B1

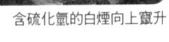

於設有204席的寬敞店內，可一邊欣賞大涌谷的美景，一邊慢慢享用餐點

午餐自助吧大人1800日圓，現場排列著大約30種的菜色

❹ はこねじおみゅーじあむ
箱根地質博物館

可學習箱根火山和自然相關知識的博物館。
☎0460-83-8140 ⏰入館100日圓 ⏰9～16時（有季節性變動）休無休 **MAP** P140B1

藉由體驗模型和岩石的展示，介紹火山帶來的恩澤與威脅

❺ おおわくだにくろたまごかん
大涌谷くろたまご館

販售仿造黑蛋的原創點心零食、生活雜貨和化妝品等。
☎0460-84-9605 ⏰9～16時（有季節性變動）休無休 **MAP** P140B1

「たまごたちのマーチ」18片裝780日圓

共有巧克力等3種口味的大涌谷麵包乾各500日圓

\當作伴手禮！/

旨味成分比普通水煮蛋高出20%的黑蛋5個裝500日圓

外觀與空中纜車站採用一致的設計

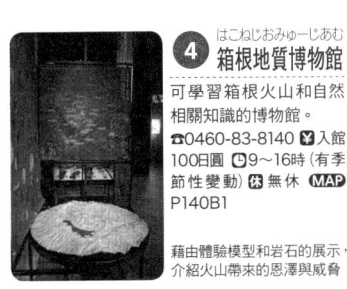

📖 據說每吃1個以硫磺泉煮熟的黑蛋，便能延壽7年。

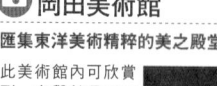

不妨到這裡走走！

宮之下・小涌谷・強羅的推薦景點

はこねごうらこうえん
🏛 箱根強羅公園

欣賞四季各異的花卉與珍貴的植物

大正3(1914)年開園的庭園，面積約2萬6500m²的用地上，設有南方植物之熱帶植物館，以及約有140種玫瑰綻放的玫瑰園。6月上旬會舉辦「繡球花展」。此外，還可於包租式陶藝工坊「陶びら-TOVILLA」中體驗捏陶。**DATA** ☎0460-82-2825 ⓘ箱根町強羅1300 ¥550日圓 ⏰9～17時 休(天候不佳時休園) 🚉公園下站步行1分 🅿44輛 **MAP**P136B2

公園結構以噴水池為中心，左右對稱的造景

陶びら的體驗時間為90分左右，1人11000日圓～，採全預訂制

おかだびじゅつかん
🏛 岡田美術館

匯集東洋美術精粹的美之殿堂

此美術館內可欣賞到，名譽館長岡田和生蒐集來的出色東洋美術品。館藏古代～現代的日本、中國、韓國的陶瓷器、繪畫和佛教藝術等，常設展出450件傑作。此外能遊逛偌大的庭園，也有足湯咖啡廳。**DATA** ☎0460-87-3931 ⓘ箱根町小涌谷493-1 ¥2800日圓(庭園參觀費300日圓) ⏰9～17時 休無休(有臨時休館) 🚉巴士站小涌園即到 🅿80輛 **MAP**P136B4

はこねびじゅつかん
🏛 箱根美術館

展示繩文至江戶時代的陶、瓷器

展示信樂、伊萬里、備前等大約100件以日本陶瓷器為中心的作品。埴輪土偶「戴天冠的男子」已列為重要文化財，是古墳時代的重要館藏。從苔原庭院到整座庭園，都修整得十分美麗，相當有看頭。**DATA** ☎0460-82-2623 ⓘ箱根町強羅1300 ¥900日圓 ⏰9時30分～16時30分(12～3月～16時) 休週四(逢假日開館，11月無休) 🚉公園上站下車即到 🅿100輛 **MAP**P136B2

はこねしゃしんびじゅつかん
🏛 箱根寫真美術館

體現出富士山的神祕之姿

箱根出身的攝影家遠藤桂的私人美術館。拍攝富士山可說是他的畢生事業，館內的常設展示每年會更換3次相關作品。2樓也會舉辦各式特展，並且可在附設的咖啡廳裡品嘗時令蛋糕。**DATA** ☎0460-82-2717 ⓘ箱根町強羅1300-432 ¥500日圓 ⏰10～17時 休週二(逢假日開館，有臨時休館。咖啡廳不定休) 🚉公園下站下車即到 🅿無 **MAP**P136B2

どうがしまけいこくゆうほどう
🎵 堂島溪谷步道

邊享受森林浴邊健行

早川沿岸的步道，起自宮之下交叉路口的八千代橋，持續至夢想橋。夏季新綠，秋天楓紅都美不勝收，也可期待負離子功效。欣賞溪流的同時，花1小時左右來個漫步行程，消除身心疲勞。**DATA** ☎0460-85-5700(箱根町綜合觀光服務處) ⓘ箱根町宮之下 休自由參觀 🚉巴士站木質溫泉入口下車即到 🅿宮之下停車場46輛 **MAP**P137F1

ぱんのみみ
🍴 ぱんのみみ

裝盛於麵包盅裡的燙口焗烤

充滿居家氛圍的咖啡廳，深受當地人喜愛。招牌菜是麵包盅焗烤1058日圓，在Watanabe Bakery(☞P103)的厚切吐司裡裝入海鮮焗烤材料後烤製。可拿麵包沾取綿密的醬汁享用。**DATA** ☎0460-82-4480 ⓘ箱根町宮城野170 ⏰11～16時30分(售完打烊) 休週二、三 🚉巴士站宮城野支所前步行2分 🅿10輛 **MAP**P136C1

かふぇれすとらんしゅんさい
🍴 CAFE RESTAURANT旬幸

講究食材的天然原味午餐

選用的蔬菜和米，都採不使用化學肥料和農藥的自然農法栽種，於此能夠品嘗到活用食材本身鮮味、不會造成身體負擔的佳餚。添加當季蔬菜的可樂餅膳1030日圓，價格實惠，備受歡迎。此外，從店內可飽覽箱根的群山。**DATA** ☎0460-87-6862 ⓘ箱根町強羅1300-466 ⏰10時30分～16時(15時30分LO) 休週四有臨時公休) 🚉公園上站下車即到 🅿40輛 **MAP**P136B2

やまじ
🍴 山路

滑嫩的蛋與地雞構成的極品親子蓋飯

親子2代共同經營的蕎麥國經營。當地地雞親子蓋飯1300日圓，裡頭還用了祖傳祕方調製出的「特製日式醬油」。由於使用的是德島產的阿波尾雞，因此能品嘗到恰到好處的口感和甜味。使用品牌豬肉「いももち豚」的炸豬排蓋飯1300日圓也十分受歡迎。**DATA** ☎0460-82-2616 ⓘ箱根町強羅1300-562 ⏰11～15時(週五～日～18時LO) 休週三 🚉公園下站步行2分 🅿無 **MAP**P136B2

🍚 箱根自然薯の森 山薬
はこねじねんじょのもり やまぐすり

品嘗健康山藥料理

引以為傲的是使用神奈川品牌山藥、對身體無負擔的菜色。首推極品午餐2984日圓，內含連皮磨製成的山藥泥、山藥拼飯和富士湧水豬的西京燒等。從店裡可望見箱根外輪山，此美景讓餐點更添美味。**DATA** ☎0460-82-1066 **住**箱根町宮ノ下224 **⏰**10～20時LO（週六、日、假日7時～）**休**週三 **交**宮之下站步行5分 **P**6輛 **MAP** P137E1

🍚 天ぷらじゅらく
てんぷらじゅらく

口感酥脆又輕盈的江戶前天婦羅

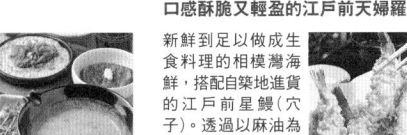

新鮮到足以做成生食料理的相模灣海鮮，搭配自築地送來的江戶前星鰻（穴子）。透過以麻油為基底調製成的原創油品，這些極品食材炸到香酥後，酥脆的江戶前天婦羅就大功告成。炸蝦蓋飯或炸牡蠣為1404日圓。**DATA** ☎0460-82-2318 **住**箱根町宮ノ下310 **⏰**11～15時、17～20時 **休**一不定休（逢假日則週三休）**交**宮之下站步行9分 **P**2輛 **MAP** P137E1

☕ Coffee House An
こーひーうはうすめん

抹茶香四溢的和風咖啡

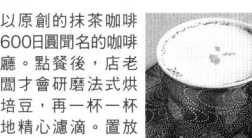

以原創的抹茶咖啡600日圓聞名的咖啡廳。點餐後，店老闆才會研磨法式烘培豆，再一杯一杯地精心濾滴。置放於綿密奶泡上的金箔也是引人注目的焦點，可和自製的起司蛋糕400日圓一同品嘗。**DATA** ☎0460-82-2760 **住**箱根町宮ノ下401 **⏰**9～18時 **休**週四（逢假日則翌日休）**交**宮之下站步行2分 **P**無 **MAP** P137F1

🍽 paSeo
ぱせお

花店附設的低調咖啡廳

除自家製披薩（S尺寸）850日圓～外，還有添加碎肉、茄子和彩椒的特製咖哩飯850日圓等輕食。下午茶時段有提供每日特選甜點套餐950日圓～。另設有寵物專用空間。**DATA** ☎0460-82-6100 **住**箱根町強羅1320-634 **⏰**7～16時（12～2月8時～）**休**二、第1、3週三（有臨時休息）**交**上強羅站步行3分 **P**5輛 **MAP** P136A2

🍚 強羅 花詩
ごうら はなことば

和菓子老店經營的和風咖啡廳

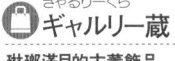

和菓子店自大正10（1921）年創業以來就堅持手工製作，此為其經營的咖啡廳。每月特選當季上菓子附抹茶750日圓。細緻的和菓子表現出箱根四季，同時閃耀著匠師精湛的手藝。菓子和茶水都選用箱根名水「嬰壽之命水」，據説此水能淨化身體。**DATA** ☎0460-82-9011 **住**箱根町強羅1300 **⏰**10～17時（有季節性變動）**休**週三 **交**強羅站步行1分 **P**2輛 **MAP** P136B2

🛍 豊島豆腐店
とよしまとうふてん

第3代老闆每日早晨進貨的手工豆腐

豆腐以北海道產大豆與箱根名水製成，廣受好評。其中杓舀豆腐230日圓（外帶340日圓）是將剛做好的豆腐用長柄圓杓舀出後置入器皿，品嘗時大豆風味和深厚的甜味融入口中四溢，宛如吃甜點。另也有芝麻口味250日圓（外帶380日圓）。**DATA** ☎0460-82-2545 **住**箱根町宮ノ下340-2 **⏰**9～17時 **休**週三 **交**宮之下站步行8分 **P**無 **MAP** P137E1

🛍 箱根銀豆腐
はこねぎんどうふ

箱根名旅館御用的豆腐店

於強羅開店已超過百年的老舖。最著名的是杓舀豆腐210日圓，要特地前去店面才能享用。剛做好的溫豆腐口感柔嫩，還可品嘗到芳香的大豆風味。商品常常中午前就會售罄，因此盡早前往為佳。**DATA** ☎0460-82-2652 **住**箱根町強羅1300-261 **⏰**7～16時（售完打烊）**休**週四 **交**強羅站步行2分 **P**無 **MAP** P136C2

🛍 ギャルリー蔵
ぎゃるりーくら

琳瑯滿目的古董飾品

以1800年代後半至1900年代的古董珠寶為中心，經手眾多國內外的飾品老物。平價商品為2500日圓～，也有復古鐘錶、電子產品和貴重的玻璃器皿等。每樣商品都只有一件，若有心儀物品就出手買下吧。**DATA** ☎0460-87-0017 **住**箱根町宮ノ下188 **⏰**10～18時不定休 **交**宮之下站步行7分 **P**無 **MAP** P137E1

🛍 石川菓子舖
いしかわかしほ

清爽柚子風味的強羅麻糬

創業已逾70年的和菓子店，一直以來都只販售強羅麻糬，10個裝1100日圓。散發淡淡柚香的求肥中，包有細切羊羹。包在竹紙裡的麻糬即使放置4～5日，還是依舊柔軟。由於很快會售罄，因此建議提前預訂。**DATA** ☎0460-82-3251 **住**箱根町強羅1300-358 **⏰**9時30分～17時 **休**週三、第2、4週二 **交**強羅站步行3分 **P**2輛 **MAP** P136B2

📖 箱根強羅公園為日本首座法式造景庭園而遠近馳名。

重點看過來！
博物館內的咖啡廳
也不能錯過
在博物館附設的咖啡廳內
品嘗原創甜點。(☞P66)

重點看過來！
在童話世界中
化身為故事主角
就像來到童話王國，盡情
享受猶如異次元空間的博
物館。(☞P68)

重點看過來！
巡遊散布在仙石原
的美術館
有箱根玻璃之森美術館
(☞P69)等風格多樣的美
術館。(☞P64～)

仙石原
位在這個地方！

桃源台 大涌谷 強羅 宮之下 箱根湯本 箱根塔之澤
湖尻 小涌谷
蘆之湖 箱根町 畑宿

以藝術作品作
為伴手禮

與豐富大自然相互調和的藝術景點

仙石原
せんごくはら

是這樣的地方

金時山山麓相傳是金太郎誕生、成長之地，
仙石原高原就廣布於此，台岳山腳叢生著芒
草原和箱根濕地花園等，是個能盡享大自然
的區域。此外，也是箱根數一數二的藝術景
點，在與周圍群山及高原交織成的風景中，
座落著具備箱根獨特風格的博物館。

access

〈搭乘巴士〉
●自箱根湯本站出發
乘坐箱根登山巴士25分，巴
士站仙石案內所前下車
〈開車〉
●自御殿場交流道
行駛國道138號及縣道75
號約12km

洽詢
☎0460-84-8301
箱根仙石原觀光協會
MAP P132A1

～仙石原 快速導覽MAP～

位在箱根後街道的
仙石原關所遺址

現在的國道138號
被稱作後街道,過去
關所設置於此。

仙石原

松月堂菓子舖
(☞ P75) **4**

相原精肉店
(☞ P105) **5**

箱根拉利克
美術館
(☞ P64) **3**

小王子博物館
(☞ P68) **6**

箱根濕地花園
(☞ P74) **1** **2** かま家
(☞ P75)

仙石原高原的
濕地植物群

由於全年低溫潮濕,
因此可見到濕地植物
的群生聚落。

到仙石原溫泉
流流汗

仙石原溫泉起源於
江戶中期,也設有不
住宿泡湯設施。

觀光的提要
乘坐巴士
巡遊博物館

1天當中如果要到訪數個博物
館,搭乘繞行觀光設施的巴士
也是一種方法。可使用箱根周
遊券乘坐。

仙石原
濕地植物聚落
↘往湖尻

推薦行程時間
3小時30分

景點以巴士站仙石案內所
前為中心集中,基本上是
徒步便能繞行的範圍,但
也有些美術館和餐飲店散
落在稍遠的地方,所以要
善用巴士。

起點		1		2		3		4		5		6		終點
		參觀		用餐		參觀		購物		購物		參觀		
箱根登山巴士 仙石案內所前	下車即到	箱根濕地花園	步行9分	かま家	步行7分	箱根拉利克美術館	步行3分	松月堂菓子舖	步行1分	相原精肉店	步行7分	小王子博物館	步行即到	箱根登山巴士 川向・星の王子さま ミュージアム

63

陶醉於璀璨的珠寶飾品，
拉利克創作的玻璃藝術

以植物和昆蟲為創作主題的珠寶玻璃作品備受矚目。
欣賞作品後到餐廳或沙龍車廂度過優雅的小歇時光。

注意看這邊！
1928年製作的裝飾板
《雕像與葡萄》，上頭刻
有男女雕塑像和葡萄的
浮雕，象徵豐收

長程快車的沙龍車廂，行駛至2001
年才退役。如今依舊能窺見1929年
當時車廂內的模樣

はこねらりっくびじゅつかん
箱根拉利克美術館

參觀時間 1小時

於此可邂逅橫跨拉利克一生所有時期的作品

館藏約1500件法國玻璃藝術工藝家雷內・拉利克（☞P72）的作品，常設展出230件。以大自然為創作主題的珠寶和香水瓶等作品細膩卻又大膽，讓人不自覺沉醉其中。當年由拉利克親手裝飾宅邸，館內也重現出其中的一間房間。

特急列車起源自連接巴黎與南法的路線

☎0460-84-2255 ⓐ箱根町仙石原186-1 ¥1500日圓 ⏰9～17時（入館至16時30分）無休（換展時會臨時休館）巴士站仙石案內所前下車即到 🅿200輛（免費）
MAP P138C2

在沙龍車廂內
享受晚餐時光！
る・とらん
LE TRAIN

豪華的車廂內佈置超過150面的裝飾玻璃，能邊聽專屬乘務員的解說，邊享受下午茶時光。推薦僅在這裡才能體驗的片刻美好時光。（需預訂）

預約時間：10～16時最晚（每1小時1場次）
所需時間：45分　人數：每場次20名
（只接受現場預約，無法電話預訂）
費用：2100日圓（附下午茶套餐）

會依季節更換甜點。照片為烘焙甜品和原創紅茶套餐

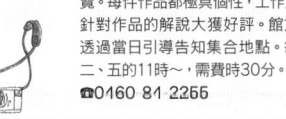

每週舉辦2次
免費的
博物館導覽

館方每週舉辦2次免費的博物館導覽。每件作品都極具個性，工作人員針對作品的解說大獲好評。館方會透過當日引導告知集合地點。每週二、五的11時～，需費時30分。
☎0460-81-2266

館內的拉利克玻璃藝術

胸針
小仙子

1897-1899年左右
拉利克的代表作。具有美麗透明感的翅膀部分，是運用金屬琺瑯器的七寶燒技法，鑽石更具畫龍點睛之效。

床頭燈
日本的蘋果樹

1920年
拱狀玻璃板呈現出拉利克獨特的設計，令人聯想到日本刀的刀鍔。據說其實這並非蘋果，而是皺皮木瓜花。

花器
旋風

1926年
以風為主題的裝飾藝術時代作品。於厚實的玻璃上加上漩渦的裝飾，黑色的琺瑯瓷襯托出漩渦型的主題。

館內陳列的許多香水瓶，是拉利克邁向玻璃工藝家的起點

香水瓶
蕨類

1912年
據傳中央描繪的女性意象是，拉利克1909年去世的愛妻艾莉絲。作品以鮮明的綠色表現她的瞳孔色調。

晴天時面向庭園的露台是最好的座位

推薦在露臺專用餐點♪

附飲料的午餐套餐2100日圓～（照片為示意）

在此小歇

かふぇれすとらんりす
CAFE&RESTAURANT LYS

氛圍讓人宛如置身巴黎的咖啡廳

綠色草皮十分開闊，可在露天座位品嘗極上的午餐。選用箱根近郊的新鮮山珍海味製作出平易近人的法式料理，和晨間限定的早餐套餐1300日圓也都非常受歡迎。

🕐早餐9～10時50分，午餐11～16時LO

拉利克創作的玻璃藝術
美術館
蝶之森
博物館閘門
SHOP PASSAGE
CAFE&RESTAURANT LYS
長程快車
LE TRAIN
入口
第一停車場

箱根拉利克美術館的庭園、CAFE&RESTAURANT LYS和SHOP PASSAGE可免費進入，無需購買門票。

到訪綠意環繞的POLA美術館，欣賞印象派的名畫

一座時尚的美術館佇立於巨木繁茂的箱根森林裡，誘人前去與豐富大自然景觀相互調和的藝術世界。

ぼーらびじゅつかん
POLA美術館

參觀時間 約1小時30分

典藏日本國內最多印象派作品

以印象派至巴黎派時期的作品為主，館藏約1萬件美術作品。常設展中展示著雷諾瓦、莫內、畢卡索等世界知名畫家，及岸田劉生和黑田清輝的作品。此外，收藏化妝用具也是一大特色，同時日本畫家的典藏也十分豐富。將自然光線盡可能加以活用的建築物之美亦是欣賞的重點。

☎0460-84-2111 住箱根町仙石原小塚山1285
¥1800日圓 ⏰9～17時 休無休（換展時會臨時休館）交巴士站ポーラ美術館下車即到 P163輛 **MAP**
P139E4

戴蕾絲帽的少女
皮耶・奧古斯特・雷諾瓦

1891年 雷諾瓦的父親經營裁縫店，母親是裁縫師，因此他在描繪女性時，也會注意穿著打扮的呈現。

格蘭坎普退潮時
喬治・秀拉

1885年 此作品採點描手法，不在調色板上混合顏料，而是以纖細的筆觸將色點置於畫布，並加上畫框般的邊飾。

薊花
文森特・梵谷

1890年 最晚年生活在巴黎近郊的村子，此為當時繪成的作品。花瓶輪廓的線條可看出受到旧日本浮世繪的影響。

橘之樂章
460日圓
淋上蜂蜜的爽口柑橘風味慕斯

紅茶 620日圓
以壺計算，令人開心。蛋糕套餐980日圓

透過窗戶飽覽小塚山美景

ちゅーん
CAFE TUNE 在此小歇

依季節替換的特製甜點

以白色為基調的時尚咖啡廳。咖啡620日圓、香草茶720日圓等各式飲品外，也常備6種特製蛋 460日圓提供選擇。

⏰10～16時30分LO 休無休

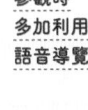

參觀時多加利用語音導覽

能夠聆聽展覽中的40～50件作品的語音解說，推薦給想要更詳細了解作品的人。此外，也能理解美術館的成立歷程、建築和繪畫的技法等許多資訊。租賃費1次400日圓，9～16時結束受理。

仙石原 ● 綠意環繞的 POLA 美術館

於重現巴黎傍晚光線的環境中展示作品

古今中外的化妝用具藏品也十分出色

※換展時可能無法入內觀賞

建築物設計得比周圍的樹木低，透過碩大的窗戶可欣賞四季各異的景色

小丑
保羅・塞尚

1888-1890年《小丑》是描繪喜劇登場的丑角，人物是以他兒子保羅為模特兒繪製而成。

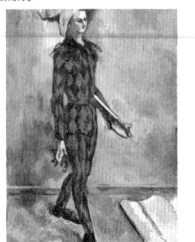

薩拉曼卡的學生們
愛德華・馬內

1860年 莫內受西班牙影響時期的畫作。以17世紀的西班牙為舞台寫成的小說《吉爾・布拉斯》為畫作主題。

睡蓮池
克勞德・莫內

1899年 莫內宅邸建於吉維尼，位於庭院中的睡蓮池，上頭有座日本風格的半圓拱橋，此為描繪該池子的作品。

還有還有！著名的名家傑作

『頭飾』皮耶・奧古斯特・雷諾瓦
『聖拉札爾車站的鐵路』克勞德・莫內
『姊妹』倫納德・藤田
『村子的麵包店（Isbas）』馬克・夏卡爾
『海邊的母子像』巴布羅・畢卡索
『魯特琴手』亨利・馬諦斯

館內地圖

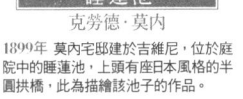

餐廳「Array」
露台
輪椅用出入口
2F
CAFE TUNE
1F
B1展覽室
入口
1F美術館商店
B1
B1F 美術館商店
B2
B2 展覽室

有2間美術館商店，1F的無需門票可免費進入，B1的商店販售進口商品。

走訪仙石原
融合風景與藝術的2座博物館

箱根群山環繞的仙石原博物館
參觀後，於景色優美的餐廳中沉浸餘韻。

ほしのおうじさまみゅーじあむ
はこね さんてぐじゅぺり
小王子博物館

參觀時間 約1小時

重現名作世界的幻想空間

全球首座以《小王子》為主題的博物館，此書已在超過140個國家出版，這裡重現作者聖修伯里年幼時生活過的城堡和法國的街景，也有展示書信和原稿等珍貴資料。遊逛四季不同種花卉妝點的歐式庭園，就會感覺自己在法國旅遊。

4種花為主題的歐式庭園

聖修伯里操控的席曼型單翼飛機

也不要錯過收藏有以狐狸為主題的彩色玻璃花窗

☎0460-86-3700 **住**箱根町仙石原909 **¥**1600日圓 **⏱**9～18時(入園～17時) **休**無休 巴士站川向·星の王子さまミュージアム下車即到 **P**112輛(1次300日圓)
MAP P139D2

此房間象徵作者優渥的童年時代

眺看櫥窗裡的擺設，宛如漫步在巴黎小鎮中

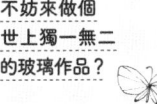

不妨來做個
世上獨一無二
的玻璃作品？

我和星球的居
民就藏在花壇
裡呢！

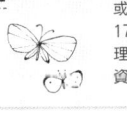

「箱根玻璃之森美術館」的體驗工房內
可體驗玻璃噴砂40分1300日圓～，
或組裝玻璃零件的飾品製作70分
1700日圓～。無需預約，到訪後受
理，1人也OK。欲洽詢者請參照下述
資訊。

在此小歇

レストラン ル・プチ・プランス
Restaurant Le Petit Prince

邊遠眺城堡邊享用下午茶

此休閒餐廳的魅力在於由《小王子》發想出的餐
點，甜點品項也很豐富。🕐11～17時30分LO(食
物供應11時30分～17時LO)

《小王子》的角色出現在餐廳的裝潢裡

自《小王子》故事
發想出的餐點備
受歡迎。小行星
上岩漿翻騰的火
山漢堡排(單點)
1520日圓。可能
會依季節調整

※詳細內容需洽詢

(上)穿過水晶玻
璃拱廊，前往美
術館(左)展示約
100件名作(右)
戴爾·奇胡利的展
覽室

はこねがらすのもりびじゅつかん
箱根玻璃之森美術館

參觀時間
約1小時

閃閃動人的玻璃作品，如夢似幻

庭園讓人以為來到美麗水都，其中散落著威尼斯玻璃美術
館、現代玻璃美術館、紀念品店和咖啡廳。館內典藏16世
紀至現代的威尼斯玻璃作品，種類之廣，絕不能錯過。

☎0460-86-3111 🏠箱根町仙石原940-48 💴1500日圓 🕐10～17
時30分(入館～17時) 🈲無休(1月的第2個週日成年之日後會有11天的休館
日) 🚌巴士站俵石·箱根ガラスの森前下車即到 🅿250輛 🗾 P139E2

聖莫里斯德雷芒城 · 聖修伯里教堂

Restaurant Le Petit Prince
飛行員路
展覽廳
一王路

退園口
入園口

博物館商店
五億的鈴

B612的
廣場

聖誕玫瑰花園

玫瑰花園
小王子庭院
繡球花小徑

在此小歇

かふぇ りすとらんて ら・かんつぉーね
CAFFÉ♪RISTORANTE La CanZone

迴盪著義大利民謠的歌聲

於箱根連山環繞的咖啡餐廳內，可品嘗使用當季食材
與手工義大利麵條的義大利麵系列1300日圓～，和自
製甜點650日圓～。音樂家現場演奏義大利民謠(表演1
日6次，需洽詢)也十分
吸引人。🕐9～17時LO

番茄醬汁搭配伊比利豬肉培
根和沛克利諾起司，香氣四溢
的義大利麵1300日圓，人氣
No.1

📖 小王子博物館的庭園中，藏有故事人物的擺飾品，能邊尋找邊散步。

充滿藝術美感的商品大彙整，
讓人想買來犒賞自己

許多個性派博物館才有的洗鍊商品，令人目不暇給。
甜點、用品、文具etc.⋯每一樣都想擁有。

森之豆
各515日圓～
羅勒、義式香辣等亦非常
適合當作下酒菜的原創豆
類零食 **E**

也有季節
限定口味

造型墜飾
2376日圓～
尺寸和設計種類相當豐
富，一定能找到心儀之
物 **E**

五顏六色，
十分可愛

便於想要附上
一小段話的時候

雷諾瓦便籤
474日圓
高雅的便籤上繪有代表美
術館的雷諾瓦畫作 **C**

享受悠哉的
咖啡時光

馬克杯
1440日圓
馬克杯圖樣為雷諾瓦的畫
作《銀蓮花》，另有莫內
《睡蓮》的圖樣 **C**

「かまわぬ」製日式手巾
各925日圓
以傳統技法一條一條地染
色。布面描繪拉利克的燕
子圖樣，共4色 **A**

給人使用時
的好觸感

香味可持續
約2～3個月

懸掛式芳香袋
各324日圓
除了衣櫃裡，也可掛在車
內或門把上。共5種 **B**

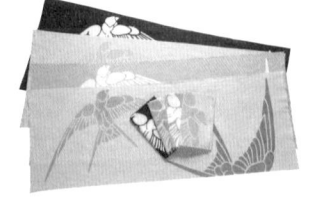

也推薦用來
點綴室內

威尼斯玻璃珠的
原創原子筆
3291日圓～
每一顆玻璃珠都是在威尼
斯手工打造 **E**

聚焦雅緻的原創商品
はこねらりっくびじゅつかん　みゅーじあむしょっぷ
A 箱根拉利克美術館
博物館商店

美術館商店位在美術館2樓，販售
許多只能在此購得的美術館原創圖
鑑、原創商品等，可去逛逛。
DATA ☞P64

自全球蒐羅而來的生活用品
はこねらりっくびじゅつかん　しょっぷぱっさーじゅ
B 箱根拉利克美術館
SHOP PASSAGE

不參觀美術館也可以逛逛的商店。
以巴黎拱廊街巴薩的人聲鼎沸為設
計意象。店內排列各式主題區塊。
會依季節將時髦
的生活用品分別
置放。 **DATA** ☞
P64

餐廳LE TRAIN的
紅茶與果醬
也可作為
伴手禮餐廳

「CAFE&RESTAURANT LYS」
有販售「箱根拉利克美術館」餐廳
「LE TRAIN」的原創紅茶（10包裝
1200日圓），和玫瑰花果醬
（270g1300日圓）。☎0460-
84-2255（箱根拉利克美術館）

仙石原 ● 充滿藝術美感的商品大彙整

隨時可用
放在手邊

東京風月堂
特製法蘭酥
6塊裝515日圓
產品置放於與京都川島織
物合作的原創餅盒內 Ⓐ

端看使用者創意、
沒有特定用途

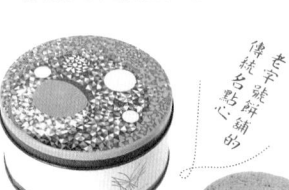

傳統名點
老字號餅舖的

白磁杯
1620日圓
採用有田燒老店「香蘭社」
製的白磁，杯口極薄，便
於飲用，因此備受歡迎 Ⓓ

搖花（yuraka）
5832日圓
工匠以細膩的手工在玻璃
上塗滿繽紛的色彩，打造
出時尚的餐具 Ⓑ

送禮自用
兩相宜

集郵愛好者
感覺也會
愛不釋手

書套
5076日圓
文庫本大小的皮革書
套，具備使用已久一
般的極佳觸感，並且
韻味十足 Ⓓ

觸感棉柔的布偶
1404日圓（照片左）・1080日圓（照片右）
給人舒服的柔軟觸感，蓬鬆的絨毛
療癒人心 Ⓓ

原創盒裝糖
各540日圓
手掌大小的不鏽鋼盒上，
印有莫內、雷諾瓦等的知
名畫作 Ⓒ

富含玩心的商品琳瑯滿目

ぽーらびじゅつかん みゅーじあむしょっぷ
Ⓒ POLA美術館
博物館商店

館內設有2處美術館商店，1樓商
店銷售花草茶、蜂蜜等進口食材。
地下1樓的則是販賣原創商品等約
2000件物品。
DATA ☞P66

故事角色齊聚一堂

ほしのおうじさまみゅーじあむ ごおくのすず
Ⓓ 小王子博物館商店
五億の鈴

店名引用自故事中小王子要返回自
己星球時出現的話語。文具和生活
用品等，店內擁有日本國內種類、
數量最多的小王子商品，相當吸
引人。
DATA ☞P68

探尋散發藝術感的小物

はこねがらすのもりびじゅつかん みゅーじあむしょっぷ
Ⓔ 箱根玻璃之森美術館
博物館商店

在多達4層樓的商店內，以威尼斯
玻璃為首，販售水晶玻璃、葡萄酒
杯和飾品等世界各國的玻璃產品，
從藝術作品到生
活用品，應有盡
有。
DATA ☞P69

美術館內的商店有許多選貨店，販售名店和美術館的聯名商品。

眾藝術家替箱根增添不少色彩，以下來進一步了解他們的生平

箱根的博物館收藏許多世界知名藝術家的作品。
若先了解藝術家的生平背景，巡逛博物館時肯定能獲得更多樂趣！

雷內·拉利克
René Lalique
箱根拉利克博物館（☞P64）

1860年生於法國香檳區，是位工藝創作者，活躍時期橫跨新藝術運動與裝飾藝術風潮兩個時代，名留青史。他以珠寶設計師起步，發表過許多獨特的珠寶作品。其後於1908年，著手開始從事當時還十分少見的香水瓶標籤設計，並以此為契機，轉為玻璃工藝家。他從香水瓶入行，後來擴展活動範疇，廣及花器、座鐘、豪華遊輪或餐廳的內部裝潢，甚至是製作彩繪玻璃等。1928年製作、用來裝潢豪華列車內部的拉利克玻璃板，如今依舊在長程快車車廂內閃耀。

於箱根拉利克博物館，可欣賞到日本國內為數最多的拉利克藏品

雷內·聖修伯里
Antoine de Saint-Exupéry
小王子博物館（☞P68）

1900年誕生於法國里昂的法國作家，成長過程中嚮往成為飛行員，在26歲時，不但成為飛行員，還出道成為作家。1943年在逃亡途中於美國發表了代表作《小王子》，此篇暖心的故事是在講述一名巡繞6顆星球的王子，最後降落到地球，在這邊遇到狐狸，並且發現「某些重要的事物」，將其放在心中後，回去他自己的星球。現在已被翻譯超過200種語言，是全球都熟知的感人故事。其他知名著作還有，以飛行員親身經歷寫成的《南方郵航》、《夜間飛行》和《風沙星辰》等。

博物館內介紹9個時期的聖修伯里生平

©Le Petit Prince™ Succession Antoine de Saint-Exupéry
Licensed by Le Petit Prince™ 星の王子さま™

費爾南·雷捷
Fernand Léger
雕刻之森美術館（☞P54）

1881年出生於法國諾曼地，家裡從事畜牧業，年輕時曾邊當繪圖工邊在巴黎學畫。他筆下的輪廓線條明快，色調簡潔單調，有許多以人物和機械為主題的作品，在歷經第一次世界大戰和滯留美國後，確立起獨樹一格的畫風。認識建築家柯比意後，活動範疇也擴及至建築的壁畫和舞台裝飾等。

雕刻之森美術館內展示的雷捷作品，充滿律動感的《步行之花》

戴爾·奇胡利
Dale Chihuly
箱根玻璃之森美術館（☞P69）

1941年出生於美國華盛頓州的玻璃藝術家。他在華盛頓大學中修習紡織設計和建築，1968年至以玻璃工藝聞名的威尼斯穆拉諾島留學，在當地受到很大的影響。作品融合細膩與大膽，有多樣呈現，提高玻璃素材的可能性，一下子就擄走觀賞者的心。1992年獲選為美國首位國寶大師。

作品「macchia」在義大利文中意指斑點，表面有點狀圖樣

巴布羅‧畢卡索

Pablo Picasso
雕刻之森美術館（☞P54）POLA美術館（☞P66）

畢卡索1881年出生於西班牙安達魯西亞，1973年以91歲畫下人生的句點之前，創作出繪畫、版畫、素描、陶藝作品等各式各樣的藝術作品。世人稱呼他泰斗或是天才，他一邊重複「創造與破壞」一邊創作出多彩多姿的作品。他一生中畫風多變，令人目不暇給，各個時期都有諸如「藍色時期」、「玫瑰時期」等名稱。在欣賞作品時，想像自己是影響畢卡索、讓其畫風轉變的多位女性也不錯。

雕刻之森美術館的收藏量大約為319件

亨利‧摩爾

Henry Moore
雕刻之森美術館（☞P54）

20世紀代表英國的雕刻家。1898年生於英國約克夏州，為炭工家的兒子，生涯中留下眾多抽象雕刻而廣為周知。喜愛於戶外展示作品，曾說過：「沒有什麼比天空更適合當作放置雕刻時的背景了。」他的作品幾乎都是以女體為主題，而且更可看見3大主題，分別是「母子」、「臥像」和「內在形式與外在形式」。欣賞作品時，可搭配摩爾針對每個主題留下的話語。

作品《剖半分離的橫臥像》

皮耶‧奧古斯特‧雷諾瓦

Pierre-Auguste Renoir
POLA美術館（☞P66）

1841年誕生於法國利摩日，為裁縫師之子，13歲時開始以上繪師的身分在陶器工廠上班。20歲時投入格萊爾的門下學畫，在這裡認識了莫內及西斯勒後，逐漸發展成印象派。作品《煎餅磨坊的舞會》相當著名，描繪市民興高采烈地聚集在熱門舞廳中的一幕，雷諾瓦當時經常光臨該舞廳。於作品多為風景的印象派畫家中，雷諾瓦喜好以女性為主題，這也是一大特徵。

作品《頭飾》，描繪當時女性的日常生活

妮基‧桑法勒

Niki de Saint-Phalle
雕刻之森美術館（☞P54）

1930年出生於法國巴黎。曾經從事模特兒工作，甚至登上一流雜誌的封面，最後卻對身為模特兒的生活方式產生疑問，導致神經衰弱。接受治療期間，因精神療法中的一環而開始畫圖。當時的傳統觀念認為「女性只是一種結婚後要侍奉丈夫、懷孕生子的存在」，她的代表作《娜娜》則是傳達出強烈反對這種想法的意念。妮基擅長以「懷孕」、「生產」、「母親」為主題，運用繽紛的原色，呈現出身為女性的自信與喜悅。

威風大器的作品《Miss Black Power》

箱根博物館的大小事

暢遊箱根博物館的訣竅

箱根的博物館大多都會利用當地寬廣的土地及空間附設庭園，或是採用融入大自然景色的建築設計。因此到訪博物館並非只能欣賞藝術作品，也可飽覽庭園中四季各有變化的大自然景緻。推薦預留時間到庭園走走逛逛，或是在咖啡廳、餐廳裡悠哉放鬆。

個性派美術館也備受矚目

諸如以箱根冬季一大盛事「箱根驛傳」長程接力賽為主題的箱根驛傳博物館（☞P89）；北原照久擔任館長、蒐集各式馬口鐵玩具的箱根北原玩具博物館（☞P38）等，當地也座落著不少充滿個性的博物館。聚焦現代日本畫的箱根蘆之湖成川美術館（☞P89）是必訪之處。

多加利用繞行觀光設施的巴士

若要巡遊美術館聚集的仙石原地區，搭乘強羅站出發，連結御殿場PREMIUM OUTLETS的觀光設施繞行巴士『Skylight』」較為便利。復古時尚設計的車體配有天窗，乘車時可同時仰望天際。也能使用1張票券就能乘坐多種交通工具的「箱根周遊券」（☞P122）。

不妨到這裡走走！

仙石原的推薦景點

はこねしっせいかえん
🏛 箱根濕地花園

四季綻放於濕地的各式花草

此植物園以介紹生長於濕原、河川及湖沼等地水邊濕地的植物為主。園內有散布在日本各地、生長於低地至高山的濕地植物200種。除此之外，還有高山植物等約1700種的植物，四季都有不同的花朵爭艷綻放。**DATA** ☎0460-84-7293 🏠箱根町仙石原817 ¥700日圓 ⏰9～17時 休無休(12月～3月19日休園) 🚌巴士站濕生花園前下車即到 P100輛 **MAP**P138C2

園內設有繞行一圈需時約40分的步道

2萬株群生的水芭蕉，繞行園內1圈約需40分

はこねもののふのさとびじゅつかん
🏛 箱根武士之里美術館

穿越時空，回到戰國時代

展示室町時代至江戶時代的鎧甲和武器等。藏品數量約達500件，不僅有鎧甲，還有點綴金薄繪的大名專用器具和美人浮世繪等。鎧甲和頭盔的試穿體驗1500日圓～也十分受到歡迎。**DATA** ☎0460-84-8177 🏠箱根町仙石原817-580 ¥800日圓 ⏰10～17時(12～3月～16時) 休無休(12～3月週三、四) 🚌巴士站濕生花園前下車即到 P5輛 **MAP**P138C2

せんごくがま
🎵 仙石窯

創作源自仙石原豐富的大自然

黑川淳的工坊兼藝廊，他透過燒製作品表現出在仙石原找到的「靜心形式」。他的作品用越久越有味道，店售茶杯1個3000日圓、咖啡杯5000日圓～等商品。也有經營陶藝體驗教室5000日圓，需預訂。**DATA** ☎0460-84-6960 🏠箱根町仙石原977-27 ⏰10～18時 休不定休 🚌巴士站仙石原小學校前步行5分 P5輛 **MAP**P139D2

きんときじんじゃ
🏛 公時神社

與金太郎傳說極有淵源的神社

供奉平安時代的武將坂田金時，他為童話故事主角金太郎的雛形。世人奉他為庇佑孩童和身體健康的神明，5月5日的神社祭中，會舉辦小朋友馬拉松和相撲大會，好不熱鬧。神社位在金時山麓，內有通往金時山的登山道入口。**DATA** ☎0460-85-5700 (箱根町綜合觀光服務處) 🏠箱根町仙石原1181 ¥休自由參觀 🚌巴士站金時神社入口步行5分 P10輛 **MAP**P132B1

ら・ふぉーれ
🍴 La·Foret

加入和食技法的法國餐

運用當季食材的午餐全餐3326日圓～。招牌全餐的主菜可從灶烤春雞等單品挑選。**DATA** ☎0460-84-8541(小田急高原飯店) 🏠箱根町仙石原品の木940小田急 小田急高原飯店內 ⏰7時30分～9時30分LO、11時30分～14時LO、17時30分～20時30分LO 休無休 🚌巴士站品の木・箱根ハイランドホテル步行1分 P65輛 **MAP**P139D2

いるぴあちぇーれ
🍴 Trattoria Il Piacere

分量十足的義大利菜餚

義大利餐廳，主廚曾在發源地義大利磨練手藝。主菜可5選1，還附有前菜和甜點等的午餐1500日圓，加500日圓能升級成全餐。☎0460-84-4630 🏠箱根町仙石原901-31 ⏰11時30分～14時LO、17時30分～20時LO(週末晚餐需預訂) 休週三、每月1次週四(有臨時公休) 🚌巴士站川向・星の王子さまミュージアム步行2分 P5輛 **MAP**P139D2

そろぴっざ
🍴 SOLOPIZ"Z"A

熱騰騰的現烤披薩

送進石窯烤製的披薩廣受好評。鋪滿起司的瑪格麗特1600日圓、放上大量生菜的蔬菜什錦1300日圓等，種類有8種左右。**DATA** ☎0460-85-2884 🏠箱根町仙石原999 ⏰11時30分～15時、17～21時(週四17時～)，週日、一、假日11時30分～15時、17～20時30分) 休週二、三 🚌巴士站仙石原小學校前步行8分 P10輛 **MAP**P139E1

あずーるむーん
🍴 AZURE MOON

印度人主廚調製的正統咖哩

能品嘗到正統印度辛香料撲鼻的咖哩。招牌人氣餐點為5種咖哩可供選擇的午餐精選套餐1800日圓。咖哩還附泥爐炭燒烤餅、烤肉串和沙拉等。**DATA** ☎0460-84-6221 🏠箱根町仙石原184 ⏰11時30分～14時30分、17時30分～20時 休週四(逢假日則營業，有冬季公休) 🚌巴士站仙石原案內所前步行2分 P10輛 **MAP**P138C1

🍴 Array
あれい

時髦的白色空間

POLA美術館附設的歐風餐廳，於此可邊欣賞小塚山的綠意和娑羅樹林，邊享用餐點。午餐全餐2310日圓，有3種主菜可供挑選。也可只進餐廳用餐。**DATA**☎0460-84-2111(POLA美術館) 🏠箱根町仙石塚山1285 🕚11～16時LO 休無休(換展時會臨時休館) 🚌巴士站寶拉美術館下車即到 Ⓟ163輛(1日500日圓) **MAP**P139E4

🍴 じねんじょ蕎麦 箱根 九十九
じねんじょ そば はこね くじゅうく

講究至極的山藥蕎麥麵

摩登的店內以白色為基調，能於此品嘗以揉入山藥的蕎麥麵，甚至講究到自己栽種山藥。山藥泥蕎麥麵御膳1944日圓，套餐內含3樣餐前酒菜、山藥泥蕎麥麵、山藥泥蓋飯和配菜。**DATA**☎0460-84-0899 🏠箱根町仙石原917-11 🕚11～20時30分 休無休 🚌巴士站川向・星の王子さまミュージアム下車即到 Ⓟ10輛 **MAP** P139D2

🍜 そば処 穂し乃庵
そばどころ ほしのあん

位置絕佳的蕎麥麵店

可以邊眺望眼前的芒草原，邊享用餐點。招牌菜色為大名蕎麥麵1080日圓。蕎麥麵上放有烤過的日本土雞肉，還附有箱根湧水製成的冷豆腐和溫泉蛋。土雞咖哩蓋飯1405日圓等其他的菜色也相當充足。**DATA**☎0460-84-0055 🏠箱根町仙石原817 🕚11～15時、17～20時 休週四 🚌巴士站仙石高原步行3分 Ⓟ18輛 **MAP**P138B4

🍜 しずく亭
しずくてい

滋味豐富又健康的山藥料理

以天然山藥入菜，營養價值也十分驚人。顧客點完餐才開始現磨的山藥泥，在其中加入高湯，此湯是以2種味噌和嬰粟之命水※P129煮成。另可品嘗附時令乾貨的山藥泥蓋飯2600日圓※P129煮成。**DATA**☎0460-84-2248 🏠箱根町仙石原1246 🕚11～14時20分LO 休週四(假日僅供午餐)、12月～3月不定休 🚌巴士站仙石高原步行4分 Ⓟ4輛 **MAP**P138B3

🍜 中華 壼仙
ちゅうか つぼせん

掌廚經驗超過50年的老闆大展手藝

推薦菜餚為海鮮拉麵1000日圓，盛有鮮蝦、干貝外，還有分量十足的蔬菜。用日本土雞和柴魚熬出的雙重混和高湯，和自製麵條根本絕配。甜辣小蝦1450日圓等單點菜色也很豐富。**DATA**☎0460-84-2078 🏠箱根町仙石原817-265 🕚11～14時30分、17～20時30分 休週二(每月有一次連續公休) 🚌巴士站大原下車即到 Ⓟ5輛 **MAP**P138C2

🍜 かま家
かまや

也可泡溫泉的釜飯專賣店

可品嘗到現煮釜飯的居家式餐廳。鮭魚搭鮭魚卵、穴子佐雞肉的釜飯各1580日圓，共有7種。店內也有溫泉，在等待釜飯上桌期間，推薦可邊泡溫泉750日圓邊悠哉等待。**DATA**☎0460-84-5638 🏠箱根町仙石原817 🕚9～21時(有時會變動) 休第3週三、四 🚌巴士站台ヶ岳步行5分 Ⓟ7輛 **MAP**P138C2

🛍 松月堂菓子舖
しょうげつどうかしほ

深受顧客喜愛超過50年的老店

以傳統製法手工製作和菓子。店內招牌「公時山饅頭」1個140日圓(照片)，白色薄皮裡包滿了紅豆餡。此外還有包入椰子餡的「ここ・あ・ここ」1個160日圓，這種獨特的甜饅頭也有高人氣。**DATA**☎0460-84-8526 🏠箱根町仙石原230 🕚8～18時(逢假日會營業) 休週三(逢假日會彈性公休) 🚌巴士站仙石案內所前下車即到 Ⓟ6輛 **MAP**P139D1

🛍 腸詰屋 箱根仙石原店
ちょうづめや はこねせんごくはらてん

堅守傳統製法的火腿及香腸

採德國傳統製法的店家自製火腿及香腸，也非常適合當作伴手禮送人。熱銷的有黑胡椒粒、蒜頭香腸各100g380日圓。附麵包的火腿排套餐1500日圓等，則是能在店內享用。**DATA**☎0460-86-3900 🏠箱根町仙石原228 🕚10～18時 休週三(逢假日會彈性公休) 🚌巴士站仙石案內所前下車即到 Ⓟ2輛 **MAP**P139D1

---
column
前往留有金太郎傳說的金時山健行

此山留有傳說，相傳童話中著名的金太郎誕生於此。一般會由公時神社(☞P74)開始攀登，單程需時約1小時30分。**DATA**☎0460-85-5700(箱根町綜合觀光服務處) 🏠箱根町仙石原 🕒自由參觀 🚌登山道入口為巴士站金時神社入口，下車即到 Ⓟ30輛(金時高爾夫練習場) **MAP**P132B1

📖 金太郎與公時神社極具淵源，曾侍奉源賴光的武將中有位坂田金時，他的乳名就叫金太郎。

重點看過來！

想像自己是古代旅人
體驗箱根關所

完全修復江戶時代的關所。當時的旅人要費好一番功夫才能穿過這道門。（☞P84）

重點看過來！

即使是夏天也依舊涼爽
舊街道健行去

杉木街道樹替旅人擋去夏日的燠熱和冬季的寒冷，來這裡走走吧。（☞P86）

重點看過來！

提到蘆之湖，
當然就有箱根海盜船

無論乘坐還是遠望往來湖面的觀光船都樂趣無窮。此為蘆之湖的觀光焦點。（☞P78）

名勝古蹟廣布的絕美景點

蘆之湖周邊

あしのこしゅうへん

過往旅人也會造訪的甘酒茶屋（☞P87）

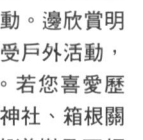

蘆之湖周邊位在這個地方

仙石原
大涌谷　強羅　宮之下
桃源台　湖尻　小涌谷　箱根湯本
蘆之湖　　　　　塔之澤
箱根町　畑宿

是這樣的地方

蘆之湖是遠望富士山的觀景勝地。以海盜船為首，全年都盛行湖泊休閒活動。邊欣賞明信片般的絕美景緻，還可邊享受戶外活動，或在湖畔咖啡廳中悠哉放鬆。若您喜愛歷史，就更不能錯過周邊的箱根神社、箱根關所和留有舊街道風貌的杉木街道樹及石板路。

access

〈搭乘電車〉●自箱根湯本站出發乘坐箱根登山巴士、伊豆箱根巴士至元箱根33分，至箱根町41分

〈開車〉●自箱根口交流道行駛縣道732號至元箱根約18km，元箱根行駛國道1號至箱根町約2 km

洽詢
☎0460-85-5700
箱根町綜合觀光服務處
MAP P135F3

~蘆之湖周邊 快速導覽MAP~

往箱根園

往箱根園・湖尻

往桃源台

神社上

往小涌谷

往畑宿

大芝

舊街道石板路

4 箱根神社
(☞P79・82)

九頭龍神社新宮(☞P83)

杜鵑庭園 (☞P42)

小田急 山之飯店
箱根小田急 山之Hotel

曾我神社

日吉神社

第六天神社

箱根神社入口

元箱根

箱根神社入口

興福院

TAMAMURA TOYOO
LIFE ART MUSEUM

蘆之湖觀光船搭船處

白雪妝點下的富士
倒影是絕美景點

富士倒影是指富士山
清晰映照在湖面上。
冬季的晴天清晨是最佳
賞景時機。

5 Salon de the ROSAGE
(☞P81)

箱根海盜船(元箱根港)
(☞P78) **6**

元箱根港

元箱根港

元箱根
日輪寺

替身地藏

箱根・蘆之湖 成川美術館

距離日本橋24里
箱根舊街道的一里塚
為旅人的辨識物,是
種每隔一里(4km)就
會築起的小土丘。

7

箱根
一里塚

拯救過武將的
替身地藏

梶原景季在箱根遇
襲之際,此地藏成為
他的替身。

蘆之湖

箱根町役場箱根(出)

箱根支所前

塔島

縣立恩賜箱根公園

3 箱根舊街道杉木街道樹
(☞P86)

思親公園前

箱根關所資料館

觀光的提要

**有效運用
種類多樣的交通工具**

元箱根也有運行箱根蘆之觀
光船的雙體船,能行經箱根
園、湖尻,前去箱根關所地
區。

箱根關所
(☞P84) **1**

觀光船乘船處

箱根關所跡

箱根町

N
0   200m

箱根飯店

本迹寺

箱根觀光船箱根町港

箱根町

箱根ホテル前

2 雲助だんご本舖 總本店
(☞P104)

箱根町港

← 往箱根峠

推薦行程時間

3小時40分

箱根町至元箱根的國道由
於交通流量大,因此就走
趟種有杉木街道樹的箱根
舊街道吧。元箱根出發
的海盜船會經由桃源台返
回箱根町,所以推薦依照
目的地挑選搭乘的航程路
線。

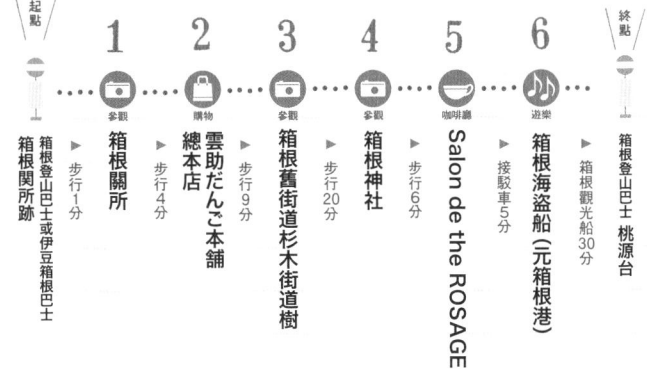

起點	1	2	3	4	5	6	終點
	參觀	購物	參觀	參觀	咖啡廳	遊樂	
箱根登山巴士 桃源台	箱根關所	雲助だんご本舖 總本店	箱根舊街道杉木街道樹	箱根神社	Salon de the ROSAGE	箱根海盜船(元箱根港)	箱根登山巴士 桃源台

箱根登山巴士或伊豆箱根巴士 箱根關所跡 ▶ 步行1分 ▶ 步行4分 ▶ 步行9分 ▶ 步行20分 ▶ 步行6分 ▶ 接駁車5分 ▶ 箱根觀光船30分

以富士山為背景深呼吸
搭乘蘆之湖觀光船欣賞絕美景色

蘆之湖四周環繞著箱根外輪山的連綿山脈，廣布箱根數一數二的大自然美景。
到訪箱根首屈一指的風景勝地，乘坐海盜船或遊艇享受遊湖樂趣。

蘆之湖是這樣的地方

產生自約3000年前火山活動的湖泊，於此可眺望箱根連山和富士山。遊湖和湖上休閒活動也相當興盛。

寫您大駕光臨海盜船喲！

はこねかいぞくせん
箱根海盜船

搭乘古典船隻，巡遊蘆之湖

觀光船綴滿豪華裝飾，以17～18世紀活躍於歐洲的船艦作為參考模型，打造而成。現在共有3艘船運行，也設有古典情調的特別船室。桃源台港、元箱根港和箱根町港都可搭船，因此也是種方便的觀光交通工具。

☎0460-83-7722 🏠箱根町箱根161(箱根町港) 💴單程360日圓～(使用特別船室時另收150日圓～) ⏰9時30分～17時(會因季節、港口有變動) 🈲天候不佳時 🚌巴士站箱根町港下車即到 🅿約120輛(箱根町港)外，各港口皆有 **MAP** P141B4

⚓ 勝利號

仿造18世紀的英國戰艦，船首綴有以皇家圖徽為設計意象的裝飾。

⚓ 南歐皇家太陽號

仿造18世紀法國艦隊的旗艦「皇家路易號」，船上還置有人像和舵輪等。

⚓ 北歐獅瓦薩王號

17世紀前葉的瑞典國王阿道夫，受世人敬畏為「北歐雄獅」，此船即是以他的風格為意象而建造的船艦。

湖泊常見的天鵝船是
腳踩踏板行進的船型

蘆之湖觀光船的
經濟實惠
優待票券

包含箱根蘆之湖觀光船來回和駒岳空中纜車來回的套票2440日圓，此外還有與鄰近設施(箱根園水族館)結合的套票，可多加利用，藉此盡享蘆之湖的各式休閒活動。☎0460-83-6351(伊豆箱根鐵道箱根船舶營業所)

こじりぼーとくみあい
湖尻船艇工會

腳踏小船，輕快移動

自蘆之湖沿岸的湖尻，至桃源台棧橋旁並排的10家店鋪，以統一價格出租艇。租台天鵝船，來趟湖上漫步吧。

☎090-1448-1834(桃源台船場) 🏠箱根町元箱根162 💴搖櫓小船(2人乘坐)30分700日圓～、腳踏式小船(3人乘坐)30分1500日圓 🕘9時30分～日落(有季節性變動) 🈺不定休 🚃巴士站桃源台步行5分 🅿180輛 MAP P140A2

はこねろーぷうえい
箱根空中纜車

DATA P56

桃源台至早雲山，全長約4km

はこね あしのこゆうらんせん
箱根蘆之湖觀光船

自瞭望甲板飽覽湖上風光

以甲板平行相接兩個船體的雙體觀光船。減少搖晃，能享受舒適的乘船之旅。可在元箱根港、箱根關所跡港等4座港口搭船。

☎0460-83-6351(伊豆箱根鐵道箱根船舶營業所) 🏠箱根町元箱根45-3(元箱根港) 💴360日圓～ 🕘9～17時(會因季節、港口有變動) 🈺天候不佳時 🚃巴士站元箱根步行2分 🅿各港口皆有(部分收費) MAP P141C2

蘆之湖號限乘700人，共有3艘運行

はこねじんじゃ
箱根神社

DATA P82

第四鳥居位在淨手的手水舍旁，自此遠望的參道最美

あしのこくらぶ
蘆之湖俱樂部

投入大自然的懷抱
體驗湖上休閒活動

附嚮導的泛舟行程(1人2小時5000日圓)等，備有充足的湖上休閒活動。從新手到老手都能盡興。

☎090-3577-7218 🏠箱根町箱根253-20 💴九龍神社參拜遊(限定人數4人)1小時7000日圓、滑水板(兩趟)10000日圓等 🕘8～17時(完全預訂制) 🈺天候不佳時 🚃巴士站箱根町步行3分 🅿6輛 MAP P141B4

可盡情徜徉箱根的大自然

箱根空中纜車
姥子　大涌谷
桃源台港　桃源台
蘆之湖
湖尻船艇公會
湖尻港
箱根蘆之湖觀光船
箱根海盜船
箱根 蘆之湖觀光船
駒岳山頂
箱根 駒岳 空中纜車
蘆之湖 Sky Line 收費道路
箱根園
箱根園港
箱根神社
元箱根港
箱根關所跡港
箱根關所
箱根町港
蘆之湖俱樂部

※2017年4月時，氣局曾針對箱根山發表等級1噴發警戒(限定該地為活火山)。因為到夜間禁止進入大涌谷，因此移步需先至箱根觀光協會的網站確認狀況後，再出發旅遊。

はこね こまがたけろーぷうえー
箱根駒岳空中纜車

眼下是一片箱庭的
大全景圖

連結箱根園～駒岳山頂約1.8km的路程，可邊眺看蘆之湖和富士山，邊享受漫步空中的樂趣。箱根元宮(P83)佇立於山頂。

☎0460-83-1151(箱根園) 🏠箱根町元箱根138 💴來回1300日圓 🕘9～17時 🈺無休(6月中旬有維修公休) 🚃巴士站箱根園下車即到 🅿318輛(週六、日、假日、旺季需收費) MAP P140A3～B2

晴天時可從山頂望見房總半島

🚩 觀光船的
上下船處在這裡！

箱根海盜船自桃源台港、元箱根港和箱根町港上下船。箱根蘆之湖觀光船自元箱根港、箱根園港、湖尻港和箱根關所跡港上下船。出發前先確認好港口，便能享受舒適的遊湖行程

はこねせきしょ
箱根關所

DATA P84

控管江戶時代的旅人往來

蘆之湖周邊 ● 以富士山為背景的蘆之湖觀光船

📖 箱根海盜船的船內，可和打扮成海盜船船長的工作人員合影留念(南歐皇家太陽號除外)。含原創相框組1張1000日圓。

在欣賞蘆之湖絕佳美景的咖啡廳內度過極致美好的午茶時光

蘆之湖畔散落著能將富士山和箱根連山盡收眼底的咖啡廳
邊品嘗美味甜點，邊享受小小奢華的氛圍

湖景
CHECK！
眼前是一整片的蘆之湖，偶爾還能看見往來交錯的觀光船。1樓露臺設有足湯

蘆之湖漂浮飲
648日圓
口味清爽的飲料，以蘆之湖為調製意象，為6～10月的限定餐點。能於2樓咖啡廳品嘗

べーかりーあんどてーぶる はこね
Bakery&Table 箱根

以湖畔美景與現烤麵包自豪的咖啡廳

上門客人從早就絡繹不絕的熱門店家，大家都是因為蘆之湖景色和想在店內享用現烤麵包而來。1樓是烘培坊和輕食店；2樓是咖啡廳；3樓是餐廳，所有樓層的景緻都美不勝收。

☎0460-85-1530 🏠箱根町元箱根9-1 🕙10～17時 🈺不定休 🚌巴士站元箱根港下車即到 🅿無 MAP P141C2

充滿原創風格的創作麵包，居然陳列多達超過80種

湖景
CHECK！
由於位在高地，瞭望視野絕佳。寬約20m的窗外，更是一大幅蘆之湖的全景圖

抹茶套餐 1080日圓
抹茶與和菓子的套餐，以貴重的美術工藝器皿裝盛

常備3～4種蛋糕。當季特選蛋糕與飲料套餐1080日圓

てぃーらうんじきせつふう
ティーラウンジ季節風

飽覽蘆之湖如畫般的壯麗景色

箱根蘆之湖成川美術館(☞P89)附設的咖啡廳，窗邊座位皆是湖景席。欣賞絕美藝緻的同時，還可慢慢品嘗裝盛在陶藝家或玻璃工藝家作品中的茶飲。

☎0460-83-6828 🏠箱根町元箱根570 💴美術館入館費1300日圓 🕙10～16時30分 🈺無休 🚌巴士站元箱根港步行3分 🅿70輛 MAP P141C2

原創紅茶
適合當作
伴手禮

「Salon de the ROSAGE」為日本紅茶協會的認證店家。2樓的商店販售品茗師挑選出的約30種紅茶和原創醬。
☎0460-83-6321 **MAP** P141A1

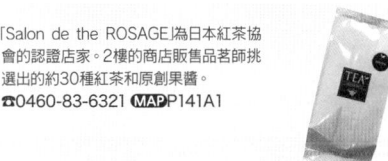
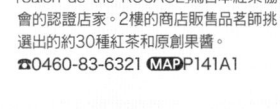

> 湖景
> *CHECK!*
> 坐到突出於湖面的露臺座位，享受宛如漂浮蘆之湖上的氣氛。5～8月為搶手座位

ROSAGE的傳統燙口蘋
果派佐香草冰淇淋
1604日圓
現烤派皮香鬆酥脆搭配冰涼的香草冰淇淋，口感絕佳

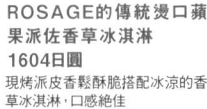
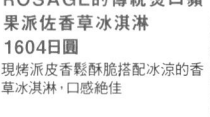

プレミアムショップ&サロン・ド・テ　ロザージュ
Salon de the ROSAGE
於湖上露臺品味紅茶和極品甜點

小田急山之飯店(☞P117)直營的茶品沙龍。店內常備超過30種的紅茶891日圓～，皆為品茗師精挑細選出的茶種。能邊眺望眼前整面的蘆之湖，邊品嘗壺裝紅茶或富含原創風格的甜點，度過優雅恬靜的片刻時分。

店內可購得以乾花片和乾水果片混合成的各式茶菓

☎0460-83-6321 **住**箱根町元箱根80 **時**10～17時LO **休**無休 **交**巴士站元箱根港搭接駁車5分 **P**100輛 **MAP** P141A1

ら・てらっつぁあしのこ
La・Terrazza 蘆之湖
在視野開闊的露臺座位上盡享度假氛圍

位在湖畔的義大利餐廳。提供30種披薩和活用當地食材的餐點，除此之外，富含季節感的義式冰淇淋也十分可口。坐到露臺座位，享受舒適微風吧。

> 湖景
> *CHECK!*
> 面湖的露臺座位，可將箱根連山、觀光船和佇立在湖畔的箱根神社朱紅鳥居盡收眼底

☎0460-83-1074 **住**箱根町元箱根61 **時**10時30分～19時30分(週六、日、假日9時～) **休**無休(2和9月預定有臨時公休) **交**巴士站箱根神社入口步行2分 **P**18輛 **MAP** P141C1

富含季節感的義式冰淇淋各450日圓，也極受歡迎

瑞叩塔起司製提拉米蘇 **600日圓**
使用脂肪較少的瑞叩塔起司，口感濃郁卻低卡路里

露天露臺區會因天候或季節(冬季)而關閉。

親身感受箱根的大地靈氣
尋訪神社祈願運勢亨通

箱根是山神、湖神鎮守的靈地，
前往箱根神社＆九頭龍神社參拜，祈求運勢提升、覓得良緣。

箱根神社
はこねじんじゃ

\ 運勢UP！ /

鎮守在蘆之湖畔的關東守護神

創建於奈良時代，由於是鎌倉幕府的祈願所，因此世人信奉為關東的總鎮守神。據說在提升運勢上十分靈驗，也是熱門景點。

☎0460-83-7123 ㊟箱根町元箱根80-1 ¥神社內免費（寶物殿500日圓）⊘自由參觀（寶物殿9～16時）㊡無休（寶物殿會因換展臨時公休）㊂巴士站箱根神社入口步行9分 Ｐ180輛（7～17時）
MAP P141B1

長長的參道兩旁排列著杉木街道樹

庇佑小物

交通安全隨身護符 500日圓
祈禱交通安全的護符

小槌護符 500日圓
繪有萬寶槌的白木護符，務必隨身攜帶

印籠護符 500日圓
與源賴朝有淵源的開運除厄的護符

HOW TO
參拜

\ 於手水舍潔淨手口 /

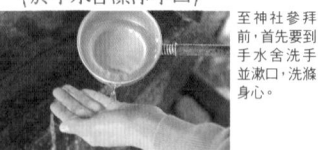

至神社參拜前，首先要到手水舍洗手並漱口，洗滌身心。

\ 在御社殿前鞠躬一次 /

登上約90階的石階梯後，便會看見採權現造的社殿建築。接下來就要抱持更虔誠的心。

\ 懷抱感謝的心情參拜 /

參拜動作的順序為點頭致敬→投香油錢→二鞠躬二拍手一鞠躬→點頭致敬。先抱著虔誠的心，感謝神明平日的庇佑。

穿過第五鳥居後映入眼簾的朱紅社殿

箱根山是山岳信仰中知名的一大靈場。其中之一是座落於駒岳山頂的箱根元宮，相傳天神乘坐白馬降臨該處，因而留有馬降石和馬乘石。
☎0460-83-7123(箱根神社) **MAP** P140D2

戀愛運UP!!

くずりゅうじんじゃほんぐう
九頭龍神社本宮

參拜本宮，提升戀愛運

位在九頭龍之森內的箱根神社境外末社，祀奉身為蘆之湖守護神的九頭龍大神。近年，許多人認為在締結良緣方面的庇佑十分靈驗，受女性歡迎的程度仍然持續攀升。特別是每月13日舉辦的月次祭極具人氣。

☎0460-83-7123(箱根神社) 📍箱根町元箱根(箱根九頭龍之森內) 💴「箱根九頭龍之森」入園500日圓 🕐9～16時 🈳無休 🚌巴士站箱根園步行30分 ※每月13日自元箱根港搭乘參拜專用船15分，下船步行5分 🅿無 **MAP** P140A2

月次祭是？

為表示對神明的感謝及祈願，每月13日於九頭龍神社本宮內舉辦。搭乘參拜船出發，於當日受理報名後可加入祭典行列。6月13日的例祭也有眾多參拜者湧入。

祭典流程

7:30	報名參拜
▼	
9:30	自元箱根港出發
	九頭龍神社本宮
10:00	月次祭
▼	
11:00	湖水神事
▼	弁財天社
11:15	月次祭
▼	白龍神社
11:30	參拜

佇立於箱根神社內

くずりゅうじんじゃしんぐう
九頭龍神社新宮

與箱根神社一同參拜

祀奉和本宮相同的九頭龍大神。2000年建成於箱根神社內，參拜九頭龍神社因此變得輕鬆。與本宮一樣，在祈求締結良緣和生意興隆方面相當靈驗。

☎0460-83-7123 (箱根神社) 📍箱根町元箱根80-1 💴神社內免費 🈯自由參拜 🈳無休 🚌巴士站元箱根步行9分 🅿180輛 (7～17時) **MAP** P141B1

位在箱根神社本殿右側的九頭龍神社新宮

庇佑小物

九頭龍締結良緣護符800日圓
繪馬類的護符，可在背面寫上願望

九頭龍吊飾型護符800日圓
太陽光一照射，就會變成鮮豔的紫色

箱根神社的靈水「龍神水」。可自由取水，也有販售寶特瓶100日圓

※以上介紹的九頭龍神社護符是在箱根神社頒授。

📖 以寶特瓶裝回的龍神水請立刻飲用，或供奉於神龕。

喝口茶屋的甜酒，歇腳片晌
於箱根關所體驗江戶風情

在控管旅人往來江戶的出入檢查處
學習歷史的同時，還可親身走過關所。

箱根關所為江戶時代的重要
史蹟，圖為修復後的全景

到緊鄰關所的御番所茶屋小歇片刻

はこねせきしょ
箱根關所　　參觀時間 約45分

帶著旅人的心情，
穿越時空回到江戶時代

關所為幕府的監視所，負責控管旅人的往來。其實早從飛鳥時代就有設置關所，江戶時代全國已設置53處。箱根關所設置於元和5(1619)年，規模龐大，扮演重要角色。

☎0460-83-6635 住箱根町箱根1 ¥500日圓（與箱根關所資料館通用）⏰9〜17時（12〜2月為〜16時30分、兩時段的最後入館時間皆為閉館前30分）休無休 🚌巴士站箱根關所跡步行2分 P無（利用鄰近的停車場）MAP P141B3

曾有這樣的官員

ひとみおんな
人見女
世襲制的職務，專門管制女性通行

ばんがしら
伴頭
小田原藩士。關所最高負責人，統籌約有20人的關所官員

ばんし
番士
負責檢查通行證或檢閱通行者等業務的公務員

❖「入鐵砲出女」是指？
要將武器攜入江戶者或要離開江戶的女性，都是當時特別嚴格監控管的人物。

いりでっぽうにでおんな

※據說箱根關所是未檢查「入鐵砲」，但卻嚴格控管「出女（離開江戶的女性）」的關所。

若欲進一步了解

前往箱根關所資料館

緊鄰箱根關所的資料館內展示實體的關所通行證、硬闖關所的紀錄書等令人玩味的史料，也可欣賞到大名出巡的迷你模型。

☎0460-83-6635 住箱根町箱根1 ¥500日圓（與箱根關所通用）⏰9〜17時（12〜2月為〜16時30分、兩種時段的最後入館時間皆為閉館前30分）休無休 🚌巴士站箱根関所跡步行2分 P無 MAP P141B3

旅人會攜帶記錄著旅行目的和身體特徵等的通行證

在箱根舊街道盡享江戶風情

箱根舊街道昔人稱東海道首屈一指的險路。為了往來在這些危險道路的旅人，幕府修築了杉木街道樹和石板路。如今則變成充滿情調的舊街道散步行程(☞P86)。

とおみばんしょ
遠見番所

位在高地。足輕日夜輪班，從四周的窗戶監視蘆之湖和街道沿線。是處能將蘆之湖盡收眼底的絕美景點。

おおばんしょ・かみばんきゅうそくじょ
大番所・上番休息所

為關所的中心建築物，當局會於大番所重新進行旅人的關所檢驗。由於一個月輪調一次，因此這裡也是執勤官員的起居場所。

江戶口御門　往箱根關所資料館
御制札場　　江戶口
射箭場　　　　千人溜
　　　　　　足輕番所
　　　　　　雪隱

あしがるばんしょ
足輕番所

足輕待命、就寢的地方。此外，也設有牢房，硬闖關所的犯人會暫時拘留於此。

三具具直立收納處
外屋番所
責藥處

うまや
馬廄

過去飼有2匹馬，也曾當作倉庫使用，空出的地方擺了清掃用具和滅火工具。

きょうぐちもん
京口御門

門採「高麗門」形式。若從京都方面前來，會由此門進入箱根關所的設施內。對面為江戶口御門。

\ 到茶屋歇息 /

おばんしょぢゃや
御番所茶屋

步出關所江戶口御門後，位在左手邊。可邊眺望蘆之湖，邊品嘗招牌糰子和甜酒，小歇片刻。

☎無　🏠箱根町箱根6-3　🕘9～16時30分(冬季～16時)
🈂不定休(需洽詢)　🚌巴士站箱根関所跡步行5分　🅿無
MAP P141B3

蘆之湖周邊 ● 於箱根關所體驗江戶風情

📖 箱根關所資料館內也有販售關所導覽手冊300日圓、吊飾500日圓等原創關所商品。

沿途探尋江戶的過往風貌，來趟箱根舊街道健走

江戶時代時，箱根舊街道是連接江戶和京都的主要道路。
懷著旅人的心情，信步石板路，體驗歷史的風情。

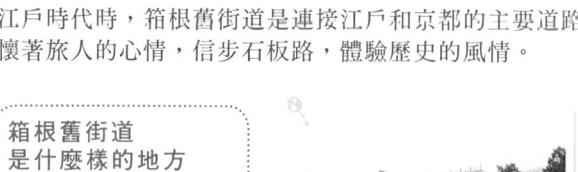

箱根舊街道是什麼樣的地方

江戶至京都的東海道約500km，其中小田原周邊至靜岡縣三島約長32km的區段，就是箱根舊街道。雖是陡坡眾多的險路，但江戶時代的旅人依舊頻繁往返。

☎0460-85-5700（箱根町綜合觀光服務處）

●約3.3km

所需時間約1小時30分

🚩 推薦的健走行程

♀ 箱根関所跡步行2分

1 箱根關所
　▼步行約10分

2 縣立恩賜箱根公園
　▼步行約10分

3 箱根舊街道杉木街道樹
　▼步行約7分

4 第一鳥居
　▼步行約6分

5 肯貝爾與巴尼之碑
　▼步行約16分

6 箱根舊街道石板路
　▼步行約5分

7 甘酒茶屋
　▼步行即到

8 箱根舊街道休憩所

♀ 甘酒茶屋步行即到

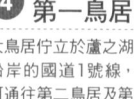

4 だいいちとりい
第一鳥居

大鳥居佇立於蘆之湖沿岸的國道1號線，可通往第二鳥居及第三鳥居，是箱根神社參道的入口。
MAP P141C2

2 けんりつおんしはこねこうえん
縣立恩賜箱根公園

昭和時代由明治天皇的箱根離宮遺址修建而成，自展望館可將聳立於蘆之湖前方的富士山盡收眼底。眼前的超大全景令人嘆為觀止！
DATA ☞P88

1 はこねせきしょ
箱根關所

箱根關所過去為江戶防禦的據點，由此出發！**DATA** ☞P84

縣立恩賜箱根公園 **2**

思賜公園前♀

START!

箱根關所資料館

箱根關所 **1**

♀ 箱根関所跡

3 はこねきゅうかいどうすぎなみき / 往箱根峠
箱根舊街道杉木街道樹

林立在約500m的街道兩側，走過此處可感到空氣清新，通體舒暢。據說栽種杉木是為了保護旅人不受日曬雨淋，當中甚至有樹齡高達370年的林木。
MAP P141B3

往箱根園

旧街道口

1

權現坂

元箱根 ✠興福院卍
肯貝爾與巴尼之碑 **5**
✠杉街道樹

第一鳥居 **4**

舊街道步道的起點

杉木街道樹是國道沿線的步道

元箱根港 **1**

箱根支所前

3 箱根舊街道杉木街道樹

蘆之湖

⑤ 肯貝爾與巴尼之碑

けんぺる・ばーにのひ

德籍醫師肯貝爾與英籍貿易商巴尼對箱根的自然保護極有貢獻，此為讚揚兩人功績而建的石碑，同時也是舊街道步道的起點。由此進入山路。**MAP** P141C1

搭乘人力車
巡覽
箱根名勝

「箱根じんりき」以人力車導覽箱根舊街道杉木街道樹和箱根關所周邊，可從不同角度觀賞名勝，廣受好評。通常是在關所前待機，但由於會不定期公休，因此建議行前預訂。
☎090-3152-1398 **MAP** P141D3

米麴散發自然甜味的甜酒400日圓，未添加砂糖。力餅有いそべ(烤醬油)、うぐいす(黃豆粉)和黑ごま(黑芝麻)3種口味。1盤2塊餅500日圓，種類可自由搭配。

〃 在此小歇 〃

⑦ 甘酒茶屋

あまざけちゃや

茶屋自江戶初期持續療癒旅人的疲憊至今。只要享用營養充足的甜酒和招牌力餅，絕對能恢復體力。甜酒不含酒精。

☎0460-83-6418 📍箱根町畑宿395-28 🕖7～17時30分 ❌無休 🚌巴士站甘酒茶屋下車即到 🅿30輛 **MAP** P140C3

お玉ヶ池 ♨
玉池

馬子歌之碑

⑥舊街道石板路

約1km的石板路

旧街道石畳 ♨

⑦甘酒茶屋

甘酒茶屋至石板路步行約5分

甘酒茶屋 ♨

⑧箱根舊街道休憩所

猿滑坂

往畑宿

GOAL!

⑥ 舊街道石板路

きゅうかいどういしだたみ

橫越箱根由於是東海道中最大的難關，因此延寶8(1680)年，江戶幕府鋪設了石板路，據說拜此所賜，碰上雨天、雪天變得比先前好走數倍。話雖如此，路面依舊容易打滑，所以行走時還是要小心步伐。**MAP** P140C3

⑧ 箱根舊街道休憩所

はこねきゅうかいどうきゅうけいじょ

緊鄰甘酒茶屋的免費休憩處。內部也有展示江戶時代從武士到庶民經過此處的旅途資料，可悠哉繞去參觀。

☎0460-85-7410(箱根町觀光課) 📍箱根町畑宿395 🕖9～17時(12～2月為～16時30分) ❌無休 🚌巴士站甘酒茶屋步行即到 🅿無 **MAP** P140C3

回程推薦乘坐巴士！

健走回程若是自巴士站甘酒茶屋搭乘箱根登山巴士，便能有效利用時間。另外也有前往箱根湯本駅方向、元箱根港方向的巴士。

舊街道箱根關所～畑宿為熱門遊逛行程，若從箱根關所出發，下坡路段較多；若從畑宿出發，上坡路段較多。

蘆之湖周邊 ● 來趟箱根舊街道健走

不妨到這裡走走！

蘆之湖周邊的推薦景點

けんりつおんしはこねこうえん
縣立恩賜箱根公園

富士山和蘆之湖的絕美景緻遠近馳名

塔島突出於蘆之湖，有座15.9ha的公園廣布其上。昭和21(1946)年，明治天皇的箱根離宮遺址開放一般民眾參觀，園內四季會分別綻放豆櫻、山百合等花朵。自湖畔展望臺2樓露臺瞭望的景色格外美麗。**DATA** ☎0460-83-7484 住箱根町元箱根171 ¥自由參觀(湖畔展望臺入館免費) ●湖畔展望臺9～16時30分 休無休 交巴士站恩賜公園前下車即到 P62輛(1小時310日圓) MAP P141B3

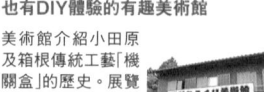

步道途中也有能遠眺蘆之湖的瞭望台

湖畔展望台，內部展示作為離宮時的資料

せきしょからくりびじゅつかん
關所機關盒美術館

也有DIY體驗的有趣美術館

美術館介紹小田原及箱根傳統工藝「機關盒」的歷史。展覽室內也設有機關，趣味橫生。除寄木細工實際演外，亦有提供秘密盒DIY(¥1550日圓～、●10～16時，需時40分，需預約)。**DATA** ☎0460-83-7826 住箱根町箱根16 ¥免費 ●9～17時 休無休 交巴士站箱根關所跡下車即到 P8輛 MAP P141B3

はこねどーるはうすびじゅつかん
箱根娃娃屋美術館

男女老幼都會喜愛的娃娃屋

2017年4月盛大開幕，館內展示12分之1實體大小、做工精巧的娃娃屋和迷你模型小物數十件，當中也能見到美國、歐洲、日本的珍貴作品。亦會舉辦工作坊(需洽詢)。**DATA** ☎0460-85-1321 住箱根町芦ノ湯84-55 ¥入館1200日圓 ●10～17時30分(最後入館17時) 休第2、4週二(1及2月休館) 交巴士站芦ノ湯下車即到 P80輛 MAP P140C2

しょうじんがいけ
精進池

舊街道沿線的池子，留有大蛇傳說

位在國道1號線最高點附近外周約500m的池子。鎌倉時代時，因為經過池子後會進入越過箱根的險路，所以當時世人稱此地是天堂與地獄的分界點。池子周圍留存有從前旅人祈求一路平安的石佛群、重要文化財的六道地藏和二十五菩薩等。**DATA** ☎0460-85-5700(箱根町綜合觀光服務處) 住箱根町元箱根 ¥自由參觀 交巴士站六道地藏下車步行即到 P35輛 MAP P140C3

ゆうきえん
雄喜苑

製作專屬陶器

可用箱根土壤製成的原創黏土，製作飯碗或茶杯等器皿。使用徒手成型或拉坯機製作的陶藝體驗課程，需1小時。體驗後提供茶和蕨餅。**DATA** ☎0460-83-5004 住箱根町元箱根90-105 ¥製作體驗標準課程3300日圓，玻璃珠1500日圓～ ●10～17時(受理～16時) 休無休 交巴士站元箱根步行18分 P4輛 MAP P141B1

はこねえん
箱根園

蘆之湖畔的休閒景點

充滿綠意的園區內，林立著有高人氣溫泉海豹比利的水族館，購物設施等。也有附設能於素燒杯子或器皿上繪圖的體驗設施，無論是大人還是小孩都能盡興。**DATA** ☎0460-83-1151 住箱根町元箱根139 ¥免費(箱根園水族館1500日圓) ●9～17時(有季節性變動) 休無休 交巴士站箱根園下車即到 P318輛(週六、日、假日、旺季需收費) MAP P140A3

きぬびきのさと
絹引の里

招牌為如絹絲般細長的烏龍麵

店家的講究在於使用絹絲般細長的手工製作，細如蕎麥麵般的烏龍麵。而且麵條裡還揉入完整去渣的國產黑牛蒡汁和炒芝麻，成品風味十足。絹引籠裝涼烏龍麵和絹引生薑烏龍麵各1080日圓等，可品味麵條通過喉嚨時的滑順感。**DATA** ☎0460-83-5151 住箱根町元箱根6-10 ●11～18時LO(有季節性變動) 休不定休 交巴士站元箱根港步行1分 P無 MAP P141C2

たけやぶ はこねてん
竹やぶ 箱根店

於大自然中品嚐正統手工蕎麥麵

設有露天座位的蕎麥麵店，可邊欣賞四周樹林，邊享用餐點。蕎麥麵是用石臼研磨過的蕎麥穗子打製，可品嘗到咬勁十足的蕎麥麵。菜色有基本款籠裝蕎麥麵1080日圓，日清蕎麥麵1944日圓(照片)等。**DATA** ☎0460-84-7500 住箱根町元箱根160-80 ●11～17時30分 休週三(逢假日則營業) 交巴士站湖尻台下步行2分 P7輛 MAP P140A1

🍴 Vel Bois
ヴェル・ボワ

於知名飯店享用正統法國料理

主廚自法國學成歸來，可邊遠眺眼前整面的蘆之湖，邊品嘗主廚料理出的法國料理。時令午餐全餐5702日圓，傳統漢堡排套餐4158日圓也非常受歡迎。**DATA** ☎0460-83-6321(小田急山之飯店) 🏠箱根町元箱根80 🕐7時30分～9時30分LO、11時30分～14時LO、17時30分～20時30分LO(晚餐需預約) 🈲無休 🚌巴士站元箱根港搭接駁車5分 🅿100輛 **MAP**P141A1

🍜 権現からめもち
ごんげんからめもち

品嘗吉祥御甜點，提升運勢

位在箱根神社(P82)內。店售九頭龍紅豆善哉550日圓，以箱根神社末社「九頭龍神社」的龍神為主題；以靈水沖泡的箱根咖啡450日圓等。招牌麻糬3個360日圓～，有海苔、芝麻、黃豆粉等5種口味可供挑選。**DATA** ☎0460-83-5122 🏠箱根町元箱根80-1 🕐9時30分～17時(冬季～16時。麻糬售完打烊) 🈲不定休 🚌巴士站元箱根步行9分 🅿180輛 **MAP**P141B1

🍜 山小屋 佐藤
やまごや さとう

咖啡廳中充滿老闆的童心未泯

位處能遠望箱根群山的高地。在店內享用自製鬆餅搭配咖啡的套餐500日圓後，可前往自然生長超過30種樹木和山野花草的庭園。此家用地內還設有原木打造的手工蹺翹板和鞦韆等設施，讓許多人回到童年，盡情遊玩。**DATA** ☎090-3382-2561 🏠箱根町元箱根103-450 🕐9～16時 🈲不定休 🚌巴士站日街道口步行1分 🅿4輛 **MAP**P140C3

🛍 金指寄せ木工芸館
かなざしよせぎこうげいかん

必訪興福寺五重塔

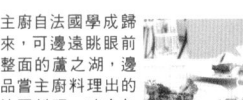

位在箱畑宿的寄木細工與木象嵌專賣店。店內也有展示以1萬5000個零件重現出的高1.5m五重塔，還有以寄木重現安藤廣重《東海道五十三次》的木片畫等。店售杯墊760日圓～、寄木項鍊1080日圓～、夫妻對筷2160日圓～等。**DATA** ☎0460-85-8633 🏠箱根町畑宿134 🕐9～17時 🈲無休 🚌巴士站畑宿下車即到 🅿7輛 **MAP**P133F4

🛍 和菓子処 富貴
わがしどころ ふうき

陳列樸素的手工和菓子

販賣無添加物的和菓子。蘆之湖田饅頭1個120日圓，包有以北海道紅豆製成的豆粒餡。銅鑼燒200日圓～，裡頭包裹整顆栗子、梅子、金桔，表皮烙上有箱根山的圖樣，非常適合為伴手禮。**DATA** ☎0460-83-5039 🏠箱根町元箱根6-21 🕐9～17時(有季節性變動) 🈲不定休 🚌巴士站元箱根港下車即到 🅿無 **MAP**P141C2

🛍 関所乃茶屋
せきしょのちゃや

源起橫越箱根山嶺的和菓子

伴手禮店，位在通往箱根關所京口御門的道路旁。招牌品項為包裝成箱根橋形狀的黃豆餅「箱根道中へっちょい」6個600日圓～。「へっちょい」的意思是，橫越箱根險路時，負責扛籠轎者的吆喝聲。除和菓子外，也有販售香菇佃煮等商品。**DATA** ☎0460-83-6576 🏠箱根町箱根14 🕐9～17時 🈲無休(12～3月為週三) 🚌巴士站箱根關所跡步行1分 🅿2輛 **MAP**P141B3

📷 盤點蘆之湖畔的美術館！

以下將介紹能夠滿足大小好奇心的蘆之湖周邊多元博物館。

箱根蘆之湖 成川美術館
はこね・あしのこ なるかわびじゅつかん

館藏大量日本畫的傑作

收藏平山郁夫等現代日本畫家的作品約4000件。自瞭望廳可欣賞蘆之湖與富士山的絕美景緻。**DATA** ☎0460-83-6828 🏠箱根町元箱根570 ¥1300日圓 🕐9～17時 🈲無休 🚌巴士站元箱根港步行3分 🅿70輛 **MAP**P141C2

箱根驛傳博物館
はこねえきでんみゅーじあむ

喚起驛傳(接力)賽中的感動瞬間

以照片和影像介紹驛傳接力賽跑比賽中的著名畫面，也有展示選手的愛用品等。**DATA** ☎0460-83-7511 🏠箱根町箱根167 ¥500日圓 🕐10～16時30分(週六、日、假日為9時30分～17時，最後入館為閉館前30分) 🈲無休 🚌巴士站箱根町步行1分 🅿(無利用蘆之湖停車場) **MAP**P141B4

玉村豐男生活藝術博物館
たまむらとよおらいふあーとみゅーじあむ

展示鮮豔的水彩畫

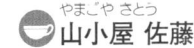

玉村豐男身兼畫家和散文家，此處為藝廊。**DATA** ☎0460-83-1071 🏠箱根町元箱根61 ¥入館免費 🕐10時～17時(週六、日、假日為9時～) 🈲無休(2月有臨時公休預定日) 🚌巴士站箱根神社入口步行1分 🅿18輛 **MAP**P141C1

📖 縣立恩賜箱根公園的景觀獲選為「神奈川名勝50選」。

從箱根再走遠一些，
前去與小田原藩主極具淵源的城鎮

⊕自箱根湯本
乘坐電車**3**分

自箱根湯本搭乘1站箱根登山電車到入生田站，
遊逛具有歷史和往日風貌的城鎮。

⊕ 入生田是
什麼樣的地方

以長興山紹太寺為中心，留有
往昔沉靜的街景，寺內的枝垂
櫻更是小田原市的天然紀念
物。從箱根前往小田原途中就
繞去看看吧。

交通方式

🚃 電車：自箱根湯本站搭乘箱根登山電車
至入生田站3分(130日圓)

杉木街道樹林立的石階和石板參拜道

⊕ ちょうこうざんしょうたいじ
長興山紹太寺
稻葉一族和春日局的長眠之地

由稻葉正則創建，他曾擔任德川幕
府的老中。此寺為江戶初期小田原
藩主「稻葉」一族的菩提寺，也有正
則祖母——春日局的墓地。
☎0465-22-7760
🆈免費參觀 🕒自由參觀
🈺不定休 🚃箱根登山電
車入生田站步行5分
🅿10輛(櫻花開花期1次
1000日圓) **MAP**
P90B1

⊕ かながわけんりつせいめいのほし・
ちきゅうはくぶつかん
神奈川縣立生命之星
地球博物館
快樂學習地球的歷史

館藏隕石和恐龍等1萬件實體標本，
藉此介紹生命的多樣性。
☎0465-21-1515 🏠小田原市入生田499
🆈520日圓 🕒9〜16時
30分(入館〜16時)
週一、第2週二(逢假日則
翌平日休，另有公休，需
確認) 🚃箱根登山電車入
生田站步行3分 🅿185
輛 **MAP**P90B1

⊕ うなぎていともえい
うなぎ亭友栄
箱根別墅居民也會上門的鰻魚名店

嚴選產地直送的鰻魚料理店。上等
鰻重5185日圓，飯上鋪放炙烤到柔
軟膨起的厚實鰻魚肉。也有選用當
季食材，提供創作料理。
☎0465-23-1011 🏠小田原市風祭122
🕒11〜19時LO 🈺週四、
五(逢假日則營業) 🚃箱
根登山電車風祭站步行6分
🅿30輛 **MAP**P90B1

⊕ せいげつどうそうほんぽ
盛月堂総本舗
各式源自梅子的和菓子

明治17(1884)年創業的和菓子店。
最受歡迎的是小田原名產—甘露梅
12個裝1080日圓〜。入嘴後口中就
會充滿梅子的酸甜滋味。
☎0465-22-2655 🏠小田原市入生田84
🕒10〜16時 🈺週日 🚃箱根登山電車入生
田站步行3分 🅿2輛 **MAP**P90B1

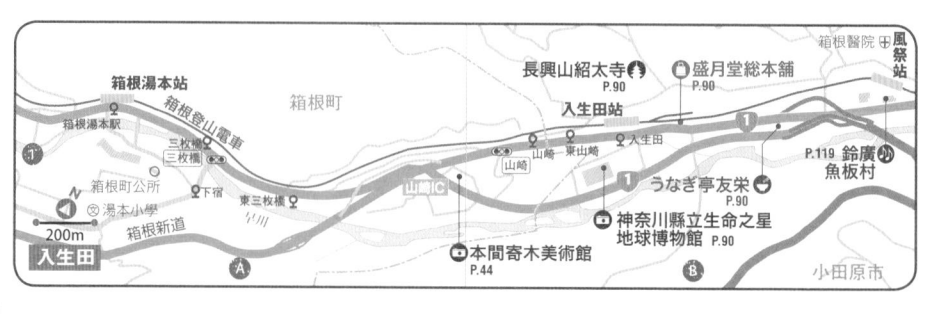

長興山紹太寺 P.90
盛月堂総本舗 P.90
入生田站
箱根湯本站
箱根町
箱根登山電車
箱根湯本駅
三枚橋
山崎 東山崎
入生田
箱根町公所
湯本小學
箱根町公所
下宿
箱根新道
東三枚橋
200m
入生田
本間寄木美術館 P.44
神奈川縣立生命之星
地球博物館 P.90
うなぎ亭友栄 P.90
箱根醫院
風祭站
P.119 鈴廣
魚板村
小田原市

盡享當地魅力，

發掘好吃！好玩！新境地

無可挑剔的極品法國菜、以美味名水製成的豆腐料理、

呈現幾何圖樣的寄木細工和玻璃工藝品等。

可以邂逅箱根獨有且令人食指大動的美食，

或令人想要買回的物品。

散發貴婦氣息，恣意享用午餐
替旅程增添優雅色彩的高雅餐廳

從豪華的獨棟大餐廳，到氣氛輕鬆的小餐館，
以下將介紹能夠度過大好午餐時光的4間精選餐廳。

午餐全餐
4800日圓
（稅及10%服務費另計）

自然光線下的
優雅時光

宛如電影
場景的白
牆建築，
曾是連續
劇的拍攝
場地

某日的MENU

前菜
「Albergo bamboo的蔬
菜田」採推車桌邊服務

義大利麵
魚貝類的甘甜味濃縮於其
中，享受極品義大利麵

主菜
盤中料理活用箱根近郊的
當季食材

仙石原
アルベルゴ バンブー

Albergo bamboo

**於白牆洋樓內大啖美食
品味箱根的時令與大自然**

桃花心木的門扉、6m的挑高天花
板、水晶吊燈閃耀的大理石餐廳，在
如此豪華的空間內，可享用到從前菜
到其他料理都運用當季食材的義大利
菜餚。午餐提供4800日圓和6000日
圓2種全餐（稅及服務費另計）。能從
固定菜單挑選義大利麵和主菜，實在
令人開心。

☎0460-84-3311 🏠箱根町仙石原984-4
🕐11時30分～14時LO、17時30分～20時
LO ※需預訂 🏖週二 🅿60輛 🚌巴士站仙石
原小学校前步行4分 MAP P139D2

「民宿餐廳
（Auberge）」
的發祥地
是法國！

所謂的民宿餐廳係指，附設住宿設施的餐廳。享用餐廳講究的可口美食後，直接能住進餐廳附設的客房。照片為「Auberge au Mirador」。

午餐全餐3800日圓
（10%服務費另計）
含開胃菜、前菜、湯品、主菜、時令菜飯、甜點和咖啡，共7道餐點。前菜、湯品和主菜為固定菜單的挑選形式。

午餐全餐5227日圓
含開胃小點、前菜、主菜、甜點和咖啡。可品嘗秋天菇類，冬天野味等當季好滋味。

午餐全餐1500日圓～
含自製麵包、開胃菜、本日湯品和主菜的午餐全餐。主菜是義大利麵、肉或魚料理3選1。

仙石原
ぐりーんひるずそうあん
Green Hills Souan

令人忘記時間的夢幻空間

英國風洋樓內的民宿餐廳，餐廳地板鋪設塌塌米，呈現愜意的和洋融合。法式料理以有田燒的器皿盛裝，能輕鬆地用筷子享用。可在古董家具環繞下，度過悠哉放鬆的美好時光。

☎0460-84-7600 🏠箱根町仙石原1181
🕐11時30分～13時30分LO、18～19時30分LO（需預約）🈺週二、第2週三 🅿15輛
🚌巴士站仙石案內所前車程3分 📍MAP
P132A1

透過窗戶能把仙石
原景色盡收眼底

紅色門扉是踏進
夢幻空間的入口

湖尻
オーベルジュ オー・ミラドー
Auberge au Mirador

佇立湖畔的美食旅店

昭和61（1986）年以日本首家民宿餐廳之姿開幕。勝又主廚講究時令食材，於此可品嘗到他使用三島契約合作農家的蔬菜、相模和駿河灣的鮮魚等烹調出的高格調法國料理。於綠意圍繞的空間中盡享幸福至極的時光。

☎0460-84-7229 🏠箱根町元箱根159-15 🕐11時40分～14時LO、17時30分～21時LO ※12歲以下不可入店 🈺無休
🅿30輛 🚌巴士站湖尻三差路下車即到
📍MAP P140A1

店內設有大片玻璃，
散發華麗氛圍

充滿溫度的獨棟
房舍，森林環繞

仙石原
ねお びすとろ る うぃるぎゅる
NEO BISTRO LE VIRGULE

品嘗隨興的「箱根法國料理」

「箱根オーベルジュ漣」的姊妹店。使用沼津進貨的鮮魚，和主廚故鄉三島的蔬菜等，相當講究食材，在當地也是備受歡迎的小餐館，可輕鬆品嘗到以法國菜手法製成的肉醬等道地料理。

☎0460-83-8844 🏠箱根町仙石原242中六ビル1F 🕐11時30分～14時LO、17～21時30分 🈺週二、第1週一 🅿2輛 🚌巴士站仙石案內所前步行1分 📍MAP P139D1

共22個座位的
小店

距離仙石原十字
路口極近

品嘗名水與師傅廚藝孕育而生的極品蕎麥麵

箱根自古多湧水，美味的蕎麥麵店也為數眾多。
從固守技法的老鋪到新式店家應有盡有，讓人難以抉擇。

そば茶屋 はつ花本店

遠道菜也推薦
味噌日本山藥
500日圓
以紅味噌醃漬味
道清淡的日本山藥

籠裝蕎麥麵
1200日圓

蕎麥麵資訊
種類：四六蕎麥麵
蕎麥粉：北海道產

箱根湯本
そばちゃや はつはなほんてん

創業於1934年，
為山藥蕎麥麵發源地的名店

位在越過湯本橋後的橋頭一側，午餐時段會出現排隊人龍。麵條在增黏成形時，不加水，只添加山藥和蛋汁打製而成的傳統蕎麥麵，無論口感還是香味都相當獨特。早川流水就近在眼前，還可享受留有昭和風貌的復古氛圍。

☎0460-85-8287 住箱根町湯本635 ⏰10〜19時 休週三（逢假日則翌日休）交箱根湯本站步行5分 P 7輛 MAP P135D4

①2樓為吧檯座，可俯瞰早川流水 ②充滿情調的店頭布簾和招牌為辨識標記

箱根曉庵

遠道菜也推薦
絹華豆腐
270日圓
會依季節更換不
同產地的黃豆，
十分講究的豆腐

籠裝蕎麥麵
918日圓

蕎麥麵資訊
種類：二八蕎麥麵
蕎麥粉：國產品牌

箱根湯本
はこねあかつきあん

使用自家製蕎麥粉，
以每天早上手打蕎麥麵自豪

可品嘗到以整顆蕎麥果實磨粉、蕎麥麵之神「高橋名人」徒弟手打的蕎麥麵。為了調製出能與蕎麥麵相互輝映的風味，使用枕崎產的本節柴魚、北海道產的昆布和長野產的醬油等講究的醬汁。

☎0460-85-6763 住箱根町湯本茶屋182-7 ⏰11時30分〜16時（15時30分LO，週六、日、假日11時〜）。不可預約 休週三 交箱根湯本站步行20分 P 16輛 MAP P134C3

①刻意使用寬廣的窗戶設計，能欣賞窗外的綠意 ②午餐時段也時常需要排隊

用箱根湧出的名水製作美味菜餚

位在元箱根的九頭龍神社新宮的龍神水（**MAP** P141B1）、大平台的姬之水（**MAP** P137F4）等，綠意盎然的箱根有多處湧現天然水，因此有眾多餐廳使用礦物質豐富的水，這也是箱根的特徵之一。

炒天城鬥雞及九条蔥
1550日圓
鬥雞肉越咀嚼會越香甜

遺道菜也推薦

冷蕎麥
1860日圓

蕎麥麵資訊
種類：二八蕎麥麵
蕎麥粉：北海道產

小涌谷
そば きひんかん
蕎麦 貴賓館

在古蹟文化財的建築物內享用石臼磨粉製成的蕎麥麵

店家翻修自大正7(1918)年建造的藤田平太郎男爵別墅，可於此棟已登錄為有形文化財建築的知名建築物內，邊欣賞日本庭園，邊品嘗北海道北龍產的石臼磨製蕎麥麵。

☎0460-82-5111[箱根小涌園 天悠]**住**箱根町二ノ平1297 **時**11～14時30分 LO、18～或19時～（晚餐最晚需3日前預訂）**休**無休 **交**箱根湯本站搭乘箱根登山巴士往箱根町方向20分・小涌園下車即到 **P**5輛 **MAP** P136B3

1格窗和裝飾等充滿大正浪漫的空間 2位在箱根小涌園 Yunessun(→P.30)園區內

白蝦天婦羅 1000日圓
富山直送的白蝦天婦羅，炸得爽口不油膩

遺道菜也推薦

彥
950日圓

蕎麥麵資訊
種類：二八蕎麥麵
蕎麥粉：國產品牌

箱根湯本
てうちそば げん
手打ち蕎麦 彦

每日限定15份、先搶先贏的招牌餐點

招牌蕎麥麵「彥」使用蕎麥果實連殼磨製的蕎麥粉，顏色偏深，富田園風趣，每日限定15份。搭配以本節柴魚煮製的清爽醬汁，能直接品嘗到蕎麥的香氣，廣受好評。鴨汁蕎麥麵1850日圓也擁有眾多愛好者。

☎0460-85-3939 **住**箱根町湯本茶屋183 **時**11～14時30分[售完打烊]**休**週一、二 **交**箱根湯本站步行16分 **P**6輛 **MAP** P134C3

1店內備有桌椅座和下嵌式榻榻米座位 2週六、日甚至可能在13時半左右就售罄

任誰都會陶醉在黃豆輕柔的好風味中。
幸福滿點的豆腐&豆漿製品大集合

咬一大口豆腐後，黃豆的豆香會在嘴中擴散，
享受以高優質純水水源製作而成的豆腐&豆漿料理，放鬆歇息一會兒。

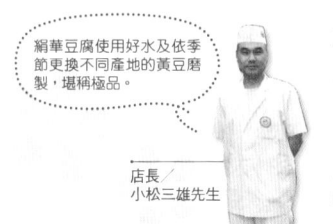

蕎麥麵使用與豆腐相同的高品質淨水，還可品嘗蕎麥味噌和天婦羅

建築物也已登錄為
國家重要文化財

蕎麥御膳 3240日圓

籠裝蕎麥麵，搭配混入核桃及紫蘇的烤味噌，香氣撲鼻，還有箱根曉庵的偏硬豆腐、天婦羅、醃漬小菜及撒上黃豆粉的磅蛋糕。需預訂。

絹華豆腐使用好水及依季節更換不同產地的黃豆磨製，堪稱極品。

店長／
小松三雄先生

箱根湯本
はこねあかつきてい
箱根曉亭

能靜心品嘗蕎麥麵與豆腐的店家

店家移建自元公爵・山縣有朋的別墅，於此日本傳統屋舍中，可享用蕎麥麵與豆腐。店家將本節柴魚削片後，以高品質的水煮製高湯並製作醬汁，成品和蕎麥麵實在絕配。走趟店裡享用每日清早手打的蕎麥麵吧。

☎0460-85-7330 🏠箱根町湯本茶屋182-4
🕐11時30分～14時LO（完全預定制）休週三 🅿
16輛 🚉箱根湯本站步行17分 MAP P134C3

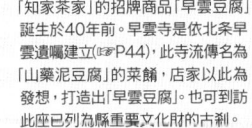
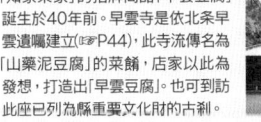
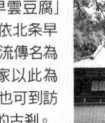

成為早雲豆腐
由來的
早雲寺

「知家茶家」的招牌商品「早雲豆腐」誕生於40年前。早雲寺是依北条早雲遺囑建立（☞P44）。此寺流傳名為「山藥泥豆腐」的菜餚，店家以此為發想，打造出「早雲豆腐」。也可訪此座已列為縣重要文化財的古剎。

箱根湯本
しかぢゃや
知客茶家

提供點心風格的豆腐料理

從早雲寺前一代住持獲得靈感，製作出招牌菜色早雲豆腐，除此之外，還有散發芝麻及味噌香氣的山葵味噌冷豆腐、飄散奶油香的豆腐排等3種引以為傲的豆腐料理。可細細品嘗口感溫潤、味道豐富的豆腐。

☎0460-85-5751 📍箱根町湯本640 🕐11～14時15分最後入店，16時30分～18時45分最後入店 🈳週四（逢假日則營業，週三僅中午營業）🅿5輛 🚉箱根湯本站步行5分 MAP P135D4

豆腐是「豆腐処萩野」的產品，採用天然滷水和湯坂山湧水製成

菜餚會1道1道端給客人享用，請在散發昭和氣息的店內，慢慢享用。

老闆娘
木邊綠女士
店內的時鐘自1938年起就在記錄歲月

豆腐點心 1900日圓

店家自豪的產品是夾湯葉，以大平台的「姬之水」製作。

料理長
井口健治先生
透過大面積設計的窗戶，可望見早川

豆皮和米飯分開提供，要趁熱享用

湯葉蓋飯 980日圓

箱根湯本
ゆばどんのみせ なおきち
湯葉丼の店 直吉

入口即化的美味夾湯葉

「湯葉蓋飯」是將豆皮放進濃郁柴魚高湯調製的湯品中溫熱，接著輕輕淋滿蛋汁，最後再倒至飯上享用，十分受歡迎。也相當推薦豆皮善哉720日圓或豆漿豆類寒天500日圓等甜品。

☎0460-85-5148 📍箱根町湯本696 🕐11～18時LO 🈳週二 🅿無 🚉箱根湯本站步行3分 MAP P135E4

外帶攜回
更輕鬆

一口豆腐球
430日圓

增黏成形時使用大和芋，讓其鼓起而成的一口大小豆腐球。圓滾滾的外觀十分討喜

豆漿杏仁豆腐
360日圓

放入口中即杏仁香氣四溢的原創豆腐，彷彿在品嘗甜點

新鮮生豆皮
560日圓

汲取初榨豆漿製成的生豆皮，味道濃郁香醇。蘸山葵醬油食用，十分爽口

箱根湯本
とうふどころはぎの
豆腐処萩野

創業於江戶時代的老鋪

☎0460-85-5271 📍箱根町湯本607 🕐8～18時（售完打烊）🈳週三（逢假日則翌日休）🅿無 🚉箱根湯本站步行6分 MAP P135D4

📖 湯葉丼の店 直吉直接沿用從前經營旅館時的建築物，店家前方還設有足湯。

吸引排隊人龍的關鍵在於食材。
備受歡迎的箱根美味

店主的創意和堅持，創造出的好滋味，深獲好評，
本篇彙整回頭客眾多的排隊名店，介紹各家的招牌菜餚。

炸豆腐排肉餡煮 定食 1330日圓
使用專為此道餐點訂購的豆腐，含香濃高湯的醬汁讓人白飯一口接一口

店內是大正浪漫主義的裝潢風格

強羅
たむらぎんかつてい
田むら銀かつ亭

原創豆腐菜色博得高人氣

排隊人龍的目標是招牌料理「炸豆腐排肉餡煮」。這道菜是在豆腐內夾絞肉下鍋油炸，接著淋上散發香濃柴魚味的醬汁，最後再鋪蓋蛋汁。食材也是美味關鍵，店家堅持只用箱根名店「箱根銀豆腐」的豆腐。

☎0460-82-1440 📍箱根町強羅1300-739 🕐11～14時30分、17時30分～19時30分LO(有季節性變動) 🈺週二晚、三 🚉強羅站步行3分 🅿10輛 MAP P136C2

招牌食材是這一項！
老豆腐
此店使用的是特別訂購的老豆腐，較普通豆腐硬

箱根町
はこね あかくら
箱根 明か蔵

爽口的蒸籠清蒸料理

招牌菜餚為「招牌蒸籠膳」，店家選用箱根山麓的山豬肉及餵養富士山地下水的御殿場雞肉，搭配6～7種當地產的蔬菜一起清蒸。過程中，會逼出豬肉的油脂，蔬菜則吸附豬肉的精華湯汁。推薦蘸柚子醋和芝麻醬食用。

☎0460-85-1002 📍箱根町箱根47 🕐11時30分～15時LO(週六、日、假日11～16時) 🈺週四 🚌巴士站箱根関所跡下車即到 🅿8輛 MAP P141B4

招牌食材是這一項！
箱根西麓蔬菜
箱根西側區域冷暖溫差大，採收的蔬菜味道較濃縮且扎實

招牌蒸籠膳 1550日圓
御殿場雞是喝富士山地下水長大的，此處能品嘗到此種雞肉的好滋味

窗外也設有露臺座位

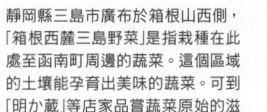

可口的在地品牌蔬菜『箱根西麓三島野菜』

靜岡縣三島市廣布於箱根山西側，「箱根西麓三島野菜」是指栽種在此處至函南町周邊的蔬菜。這個區域的土壤能孕育出美味的蔬菜。可到「明か藏」等店家品嘗蔬菜原始的滋味。

箱根美食 ● 備受歡迎的箱根美味

`宮之下`
いろりや

いろり家

佇立於閑靜住宅區的隱密店家

座右銘為「把高級食材變平價」，還以此構思出午餐菜單，可以吃到將足柄牛牛排鋪在飯上的奢侈極品蓋飯。可享用不放奶油，只稍微炙烤的清爽可口足柄牛。鮑魚蓋飯2000日圓(午餐價)亦非常受歡迎。

☎0460-82-3831　住箱根町宮ノ下296　⏰11時30分～13時30分LO、18～22時LO　休週四　🚃宮之下站步行13分　P2輛
MAP P137E1

足柄牛牛排蓋飯
1650日圓(午餐價)
在牛肉上淋上蒜頭醬油、蜂蜜和蔗糖混和的特製醬汁，十分美味

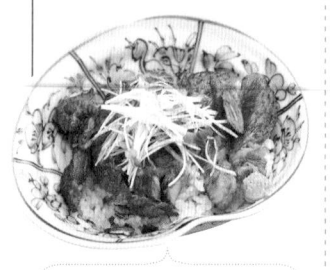

`仙石原`
ごはんといたまえりょうり ぎんのほ

ごはんと板前料理 銀の穂

以講究的食材烹煮而成的釜飯

使用箱根山麓豬、當地蔬菜和御殿場的名牌米等，是間講究食材的和食店，販售7種釜飯和6種圓盒飯。當中備受歡迎的是「富士山麓優格豬的滷肉塊釜飯」，是一道豪邁鋪放厚切肉塊的餐點。

☎0460-84-4158　住箱根町仙石原817　⏰11～14時30分LO(週六、日、假日～15時LO)、17～20時30分LO　休週三(週四不定期休)　🚃巴士站仙石高原步行3分　P20輛　MAP P138B4

富士山麓優格豬的滷肉塊釜飯
1725日圓
除滷肉塊還有蛋絲、牛蒡和紅蘿蔔，另附清湯類湯品和醬菜，令人食指大動

`箱根町`
ほんじん

ほん陣

擺滿蘆之湖珍饈的蓋飯

原創餐點廣受歡迎的餐廳，以蘆之湖的魚入菜。當中極為吸睛的是豐盛的「蘆之湖蓋飯」，內含野生胡瓜魚等，蘆之湖捕獲的野生魚和蔬菜天婦羅。每日早晨當地漁船都會送來剛捕獲的魚貨，品嘗現撈直送的新鮮魚蓋飯吧。

☎0460-83-6144　住箱根町箱根81-5　⏰10～16時(週六、日、假日～19時)　休不定休　🚃巴士站箱根町下車即到　P無
MAP P141B4

蘆之湖蓋飯　1550日圓
蓋飯鋪滿的野生魚，除全年都吃得到的胡瓜魚或虹鱒外，會因季節或當日情況而改變

`招牌食材是這一項！`
足柄牛
在豐富的大自然中，以足柄茶粉飼養的牛隻，肉質軟嫩

店內採和式風格，讓人感到放鬆。除桌椅座外，有2處略高於地面的座位

`招牌食材是這一項！`
富士山麓豬
口感細緻，且保有豬肉原本的濃醇。特徵在於無腥味，肉質柔軟

1樓為雅致的桌椅座。2樓為和式座位，可從此遠眺芒草原

`招牌食材是這一項！`
蘆之湖的野生魚
蘆之湖剛捕獲的胡瓜魚、虹鱒等，魚種會依季節和當日進貨狀況不同，種類多樣

店家位在蘆之湖畔，內部散發令人懷念的氛圍，設有桌椅座和沙發座位

📖「ごはんと板前料理 銀の穂」的腹地內也設有露臺座位，天氣良好時也能在此用餐，可攜帶寵物同行。

在箱根熱門咖啡廳內邂逅公認美味的甜品

旅途中，香甜又歡樂的點心時間果然還是令人雀躍！
各式招牌甜點甚至能恢復遊逛的疲憊，務必多加確認！

宮之下小鎮　800日圓

可愛的聖代是由香濃的義式冰淇淋、紅豆、白玉湯圓和水果裝盛而成

宮之下
カフェ ド モトナミ

Café de motonami

紅豆x咖啡的嶄新火花

店老闆當初是因為喜歡上富士屋飯店的異國情調，所以在這塊土地上開設了咖啡廳，他講究的是義式烘培咖啡豆和使用豆餡的自家製甜點。對於食材也是精挑細選，使用北海道產的大納言紅豆和伊豆產的寒天等。霜淇淋餡蜜「似曾相識的風」770日圓，要先澆上溫熱的牛奶再開動。此外，餐點充滿玩心的可愛命名也別有樂趣。

☎0460-87-0222 住箱根町宮ノ下366 ⏰10～18時（17時30分LO）休週四 交宮之下站步行5分 P無 MAP P137E1

古典格調的店內

這道也受歡迎

撒嬌鬼
720日圓
充滿店家風格的冰淇淋餡蜜，裝盛了寒天、黑蜜、抹茶冰淇淋和紅豆粒

仙石原
かんみどころ よもぎや

甘味処 よもぎ屋

品嘗散發艾草香氣的甜點

艾草霜淇淋690日圓、高原特濃艾草歐蕾720等，提供眾多使用艾草的餐點。旅途中可來此吃甜點喝杯丹波黑豆茶，小歇片刻。

☎0460-84-3955 住箱根町仙石原817 ⏰9～17時 休週三（週四不定休）交巴士站仙石高原 步 行5分 P30輛 MAP P138B4

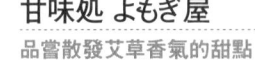

店內氛圍令人想放鬆

艾草白玉湯圓佐奶油餡蜜
820日圓

選用大顆紅豆，製成甜度較低的豆餡，與艾草風味十分相稱

這道也受歡迎

豆餡糰子2根
280日圓
輕微炙烤，放上紅豆餡後享用

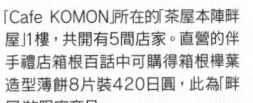

到茶屋本陣「畔屋」購買充滿箱根風情的伴手禮

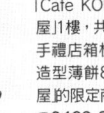

「Cafe KOMON」所在的「茶屋本陣畔屋」1樓，共開有5間店家。直營的伴手禮店箱根百話中可購得箱根欅葉造型薄餅8片裝420日圓，此為「畔屋」的限定商品。
☎0460-83-6711 (MAP)P141B4

箱根美食 ● 箱根熱門咖啡廳

箱根湯本

さぼううちだ
茶房うちだ

深受愛戴10年的戚風蛋糕

能在爵士樂或Basa Nova的環境下，享用手工甜點。戚風蛋糕的口味除抹茶之外，還從原味、香蕉等口味挑出2種，每日更換輪替，提供不同的選擇。
☎0460-85-5785 (住)箱根町湯本640 (時)10～18時 (休)週三(逢假日則翌日休) (交)箱根湯本站步行6分 (P)2輛 (MAP)P135D4

咖啡廳開店至今已20多年

抹茶戚風蛋糕 950日圓
大量的鮮奶油已調整過甜度。可點杯咖啡、紅茶或抹茶，搭配紅豆一同享用

這道也受歡迎

白湯圓奶油餡蜜 950日圓
寒天以伊豆產的石花菜製成，尚留有淡淡的海岸香氣，是道分量十足的甜品

千層派 367日圓
在「能便於食用」的理念下，派皮採縱向排列，奶油與草莓露出在外

這道也受歡迎

金時蛋糕捲 367日圓
原創蛋糕捲，蛋糕外皮散發黑糖香氣，捲入黃豆粉奶油

仙石原

ラッキーズ カフェ
Lucky's cafe

位在金時山山麓的西點店

女甜點師出生、成長於箱根，店內常備約13種新鮮蛋糕，全是出自她的巧手。也有販售烘焙糕點，受到前往金時山健行遊客的歡迎。
☎0460-84-4480 (住)箱根町仙石原372-1 (時)10～18時 (休)週二 (交)巴士站太郎平下車即到 (P)6輛 (MAP)P132B1

至金時神社步行10分

箱根町

カフェ こもん
Cafe KOMON「湖紋」

能欣賞蘆之湖和富士山的咖啡廳

可邊眺看蘆之湖和富士山，邊品嘗和風甜點。本陣糰子要用小碳爐自己烤製，相當有趣，是道獨特的甜點。
☎0460-83-6711 (住)箱根町箱根161-1 (時)10～15時30分LO (休)不定休 (交)巴士站箱根町港下車即到 (P)8輛 (MAP)P141B4

本陣糰子 1100日圓
以小碳爐炙烤抹茶、黑芝麻和原味3種糰子，還可依個人喜好刷上豆餡、餡蜜或白蘿蔔泥

這道也受歡迎

畔屋特製鬆餅 1100日圓
用鐵鍋烤製成，在熱騰騰的鬆餅放上冰淇淋

Café de motonami的建築物原本是富士屋飯店的巴士站。2樓座位是能遠眺富士屋飯店玄關的特等席。

堅持選用箱根的名水與食材
人氣烘焙坊的招牌麵包

從老鋪到新店，箱根是烘焙坊的名店匯集地。
要不要買些各店自豪的現烤麵包，當作早餐、點心、伴手禮都合適。

溫泉海豹麵包
180日圓

出爐時間 **常備**

麵包以水族館明星「溫泉海豹」為參考模型，裡面包有卡士達奶油醬

長棍麵包 648日圓

經典早餐。小麥香越嚼越濃厚，最後口內充滿香氣

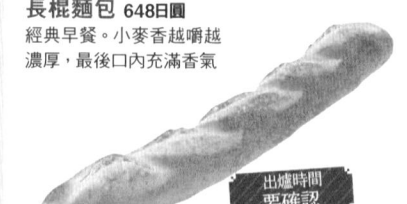

出爐時間 **要確認**

哈密瓜奶油麵包
210日圓

箱根プリンスパン工房的熱銷No.1，裡頭包有滿滿的哈密瓜奶油

出爐時間 **常備**

藍莓麵包
1個378日圓

使用的是為活用爽口酸味而研發出的硬質麵包，推薦搭配果醬或奶油享用

出爐時間 **要確認**

金時豆麵包
190日圓

出爐時間 **常備**

麵包以箱根金時山為製作意象，加入許多豆類，喜愛豆類者會為之瘋狂的品項

可頌麵包
3個583日圓

層次多元的奶油風味，無論是正餐還下午茶都合適

出爐時間 **要確認**

箱根園

はこねぷりんすおぱんこうぼう

箱根プリンスパン工房

於內用空間大啖熱銷麵包

位在箱根園，店內陳列超過40種的麵包工房特製麵包，其中有飯糰麵包、哈密瓜奶油麵包等個性十足的品項，還附設內用空間。

☎0460-83-1151(箱根園) 🏠箱根町元箱根139 🕐11～17時 🈺無休 🚌巴士站箱根園下車即到 🅿318輛(週六、日、假日、旺季收費) MAP P140A3

位在箱根園的明亮麵包工坊

宮之下

ぺーかりーあんどすいーつ ぴこっとほんてん

BAKERY & SWEETS PICOT本店

知名飯店引以為傲的人氣好滋味

富士屋飯店的烘培坊，店內陳列飯店內提供的吐司等，以古早配方烤製而成的精品麵包。另外也可品嘗新上市的麵包、甜點和季節性商品。

☎0460-82-5541 🏠箱根町宮ノ下359 🕐8時30分～19時 🈺無休 🚉宮之下站步行7分 🅿110輛 MAP P137E1

可欣賞店內的麵包製作過程

※出爐時間僅供參考，會依時日有所變動。

富士屋飯店直營的
PICOT
在箱根湯本站前
也有分店

湯本富士屋飯店直營的外帶專門店
「PICOT湯本站前店」，可輕鬆購得
飯店直送的現烤麵包和原創甜點。
☎0460-85-6111 **MAP** P135F3

溫泉燉湯麵包
621圓
裝有自家製牛
肉燉湯的法
國麵包，外
帶需30分
鐘內食用

出爐時間
常備

箱根杉龍神
紅豆麵包
170日圓
招牌麵包，使用
箱根神社名水「龍
神水」與酒種精心
製作

出爐時間
前日

梅干紅豆麵包
259日圓
使用整顆小田原
梅子，紅豆沙餡
的甘甜搭配梅子
酸味，妙不可言

出爐時間
9：30左右～

可頌麵包
220日圓
使用大量奶油，外層
香酥，內層鬆軟，熱
銷No.1

出爐時間
9：00左右

蜂蜜蛋糕麵包
205日圓
包覆自家製蜂蜜
蛋糕的甜點麵
包。草莓果醬頗
具畫龍點睛之效

出爐時間
9：30左右～

箱根咖哩麵包
240日圓
內餡是以茄汁為基底
的炒雞絞肉，再加入
10種香料製成的肉醬
咖哩

出爐時間
9：00左右

宮之下
わたなべべーかりー
Watanabe Bakery
使用在地食材的個性派麵包

創業120餘年的老鋪，店內陳列多種使用在地食材
的獨特麵包。招牌的溫泉燉湯麵包可在咖啡廳空間
享用，搭配飲料套餐為982日圓。

☎ 0460-82-2127 住箱根町宮ノ
下343 🕐9時30分～17時(4～9
月～17時30分) 休週三、第3週二
🚃宮之下站步行8分 P3輛
MAP P137E1

店鋪外觀的綠色遮陽棚
相當可愛

箱根湯本
はこねべーかりー　はこねゆもとほんてん
Hakone Bakery 箱根湯本本店
講究「食」的麵包坊

「箱根湯本飯店」的直營店，能品嘗以精選食材製作
的麵包。也有以和風度假地為出發點，使用天然酵母
菌，製作口感Q彈的麵包，店售品項都十分講究。

☎ 0460-85-8876 住箱根町
湯本茶屋184箱根湯本飯店內
🕐9～17時 休無休 🚃巴士站台
の茶屋步行2分 P10輛 **MAP**
P134C3

上午時分，現烤麵包紛紛出爐

📖 每年1月舉辦箱根驛傳時，Watanabe Bakery會依先後順序發放約1000份免費的溫泉燉湯麵包，因而聲名大噪。

讓人忍不住想買
激推的箱根伴手禮

以下將分門別類介紹箱根獨有的精品，
把旅行回憶和具備當地特色的伴手禮一起帶回。

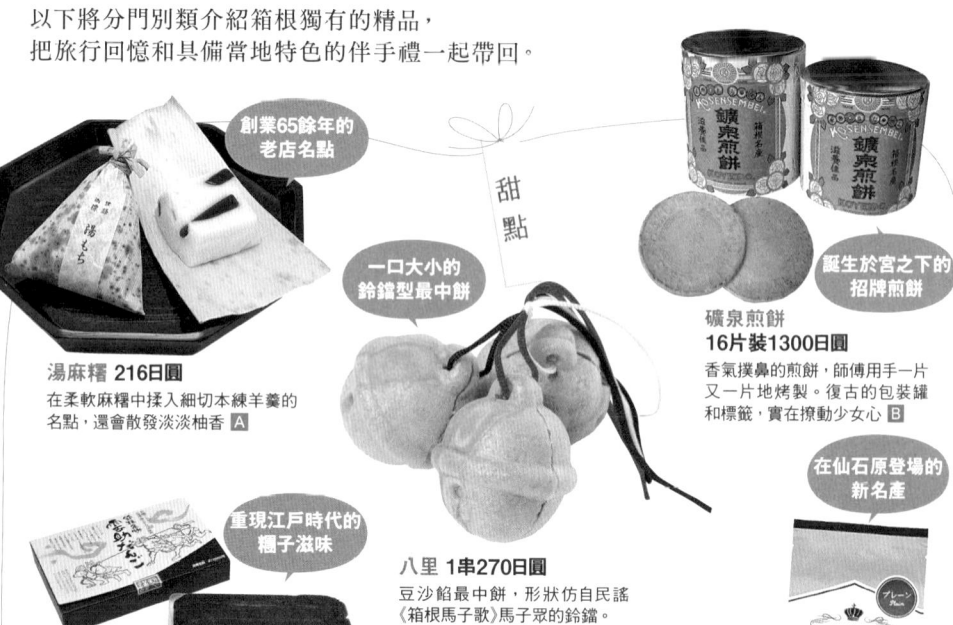

甜點

創業65餘年的老店名點

一口大小的鈴鐺型最中餅

誕生於宮之下的招牌煎餅

礦泉煎餅
16片裝1300日圓
香氣撲鼻的煎餅，師傅用手一片又一片地烤製。復古的包裝罐和標籤，實在撩動少女心 **B**

湯麻糬 216日圓
在柔軟麻糬中揉入細切本練羊羹的名點，還會散發淡淡柚香 **A**

在仙石原登場的新名產

重現江戶時代的糰子滋味

八里 1串270日圓
豆沙餡最中餅，形狀仿自民謠《箱根馬子歌》馬子眾的鈴鐺。
1串有3顆鈴鐺 **A**

雲助糰子
8串裝756日圓
100%使用北海道紅豆，不會過甜的糰子。為店內最受歡迎的品項，甚至傍晚可能就售罄 **D**

仙石麵包乾 120g570日圓
一口大小的香濃麵包乾。共有原味、楓糖堅果和巧克力等4種 **C**

A **箱根湯本**
ちもと
ちもと

創業以來，持續一貫的和菓子製法，堅持不使用添加物，每一樣產品都是由專業師傅精心製作。可於附設的咖啡廳(曆P38)品嘗現做的好滋味。招牌商品湯麻糬建議要先預訂。
☎0460-85-5632 住箱根町湯本690 ⏰9~17時 休不定休(1年5次左右) 交箱根湯本站步行4分 P5輛 MAP
P135E4

B **宮之下**
かわべこうえいどう
川邊光栄堂

明治12(1879)年創業，販賣將當地湧水加入麵糰中的礦泉煎餅。一如往昔的樸實味道，猶如威化餅乾的鬆脆口感，會讓人一試成主顧。商品大小有2款，21片裝為1620日圓。
☎0460-82-2015 住箱根町宮ノ下184 ⏰9時30分~17時 休不定休 交宮之下站步行6分 P無 MAPP137E1

C **仙石原**
ぐらんりうぃえーるはこね
GRANDE RIVIÈRE箱根

箱根高人氣麵包乾專賣店。店售將白麵包切片製成的箱根麵包乾，和切成一口大小的仙石麵包乾，品嘗時可比較口感的差別。2樓也設有咖啡廳。
☎0120-396-852 住箱根町仙石原1246-737 ⏰10~17時(有季節性變動) 休無休 交巴士站仙石高原下車即到 P10輛 MAPP138B4

D **箱根町**
くむすけだんごほんぽ そうほんてん
雲助だんご本舗
總本店

糰子共4種，分別是豆餡、御手洗、黑芝麻黃豆粉和黑芝麻餡，尺寸小易於食用。雲助羊羹1150日圓也相當受歡迎。
☎0460-83-5551 住箱根町箱根81 ⏰9~17時(週六・日、假日~17時30分 ※有季節性變動) 休不定休 交巴士站箱根町下車即到 P無 MAP
P141B4

有伴手禮相關
疑難雜症
就到箱根の市

遇到忘記購買伴手禮的時刻，位在箱根湯本站閘門外的「箱根の市」(☞P37)可以幫忙解決。店內陳列箱根名特產和飯店製造的精品，營業至21時。
☎0460-85-7428 MAP P135E3

熟食

美食店家御用的名店美味

箱根山烤牛肉
100g777日圓
精選上等和牛，以獨家做法炙烤而成的極品。特徵在於入口即化般的軟嫩 G

專業廚師也讚嘆的生豆皮

夾湯葉5個裝
1080日圓
以優質黃豆製成的新鮮生豆皮為人間美味。立刻就會售完，因此建議事先預訂 E

增添燉煮物和湯品的口感

生麩 1條410日圓～
使用最高級糯米粉製成，滑順口感極具魅力。外型有楓葉、櫻花等，風味和色彩的變化也十分豐富 E

豆腐店自豪的新鮮豆漿

箱根白雪 500ml270日圓
豆腐專賣店堅持選用國產黃豆和箱根名水製成的豆漿。可直接品嘗到黃豆的風味 F

溫泉商品

透過溫泉成分增添女性魅力！

黑蛋面膜
1260日圓
據說大涌谷源泉具備美膚效果，將其與卵殼膜精華調配、製成的面膜 H

毛孔深處的髒污也清潔溜溜

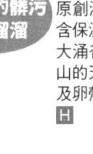

黑蛋皂 550日圓
原創潔顏皂，由蘊含保濕滋潤成分的大涌谷溫泉、富士山的天然水、蛋黃及卵殼膜調配而成 H

大涌谷限定的新產品上市

天然足湯粉 160日圓
天然湯花 160日圓
茶包型溫泉粉，100%採用大涌谷溫泉的硫磺等天然成分調配(2017年5月起暫停販賣中) H

E 大平台
はこねかくやま
箱根角山
以箱根名水「大平台姬之水」製作豆皮、生麩的專賣店。每天早晨備料，現做生豆皮、味道連專業廚師都掛保證。由於是健康食材，因此十分推薦女性食用。
☎0460-82-2604 住箱根町大平台431 ❷8時30分～17時 休週日、三 交大平台站步行5分 P2輛 MAP P137F4

F 大平台
つじくにとうふてん
辻国豆ふ店
創業約60年。招牌商品除特製嫩豆腐「箱根白雪」205日圓、板豆腐225日圓之外，還有以講究原料製成的豆漿。無論是外帶、還是在店頭食用，都可享用充滿黃豆香甜的現磨豆漿，1杯200ml 100日圓。
☎0460-82-2156 住箱根町大平台442-2 ❷8時30分～16時30分 休週三 交大平台站步行6分 P無 MAP P137F4

G 仙石原
あいはらせいにくてん
相原精肉店
當地人和名人也會前往購買的店家。以烤牛肉為首，店售烤豬、火腿、香腸等上等和牛、黑豬和地雞手工製成的加工食品。亦相當適合當作晚餐菜是或是下酒菜。
☎0460-84-8429 住箱根町仙石原226乙女屋ショピングモール ❷9～18時 休週二 交巴士站仙石案內所前下車即到 P3輛 MAP P139D1

H 大涌谷
おおわくだにくろたまごかん
大涌谷くろたまご館
店售箱根名特產和大涌谷名產「黑蛋」的相關商品等，品項非常豐富。最推薦以大涌谷溫泉天然成分調配而成的溫泉商品，使用的目標是擁有光滑柔順的好肌膚。
☎0460-84-9605 住箱根町仙石原1251 ❷9～16時 (有季節性變動) 休無 交大涌谷站步行即到 P150輛(1日520日圓) MAP P140B1

📖 所謂的「雲助」是指，江戶時代旅人等要翻越山嶺時，扛送他們的抬轎人。據說這些人是靠吃糰子恢復體力。

傳統工藝也不容錯過。
令人讚嘆的寄木細工

寄木細工大約200年前誕生於箱根町的畑宿，
工匠一手催生出日本的傳統圖樣，前去近身體驗他們的技法。

陳列兼具實用性的高雅作品

1997年起製作箱根驛傳前段優勝的獎盃

かなざしうっどくらふと
金指ウッドクラフト

洗鍊的設計散發光彩

金指勝悅經營的店家，他在傳統技法中加入獨創手法和設計，製作無垢的寄木細工。由於是手工製造，因此一件作品需耗時超過1個月才能完成。

☎0460-85-8477 **住** 箱根町畑宿180-1
🕐9時30分～16時30分(受理體驗課程9時30分～15時) **休** 無休 **交** 巴士站畑宿下車即到
P 5輛 **MAP** P133F4

牙籤罐
2200日圓
外型可愛，也能化身桌上擺飾，感覺也能用來放置印鑑

小置物盒
9700日圓(中)、5000日圓(迷你)
蘋果外型的可愛容器，令人忍不住想伸手輕觸，也能當作室內裝飾品

所需時間 約1小時

挑戰製作
寄木細工的
杯墊！

●人數：1～100人
●費用：800日圓

1 確認零組件

基本材料為40片木片：稜形28個(有4色)；三角形12個(僅1色)。木片顏色皆天然色，選好喜愛的顏色後就開始製作。

2 隨心所欲地設計

只需順著拼組菱形與三角形木片，一般可做成單邊5cm左右的六角形杯墊。放鬆思緒，思考形狀與構成的圖樣。

3 杯墊完成！

完成定型後，用黏合劑將木片相互貼合。黏合劑2小時左右才會乾，因此帶回家後再以銼刀磨平，塗上清漆便大功告成。

能參觀寄木細工
功匠的
現場實作

「浜松屋」在營業時間內都有舉辦免費參觀的現場實作，邀請傳統工藝士石川一郎現場製作寄木細工，和藉由嵌入木頭表現意念的木象嵌。近身參觀製作過程，邊聽解說，邊學習傳統巧藝。

素面手拿鏡
2000日圓
約手掌大小的鏡子，相當小巧，八角外型讓人感受到傳統氣息

耳環
1500日圓
受歡迎的八角麻葉型等，商品的顏色及形狀種類多樣

1樓販賣商品。2樓有現場實作（參考上方專欄）

はままつや
浜松屋

創業超過200年的老字號

據說誕生於江戶時代後期的石川仁兵衛是寄木細工的創始者，此店代代相傳他的技術。店家運用幾何模樣的寄木細工，和形成繪畫圖樣的木象嵌技術，打造出獨一無二的作品，頗受好評。

☎0460-85-7044 🏠箱根町畑宿138 🕘9～17時 🈚無休 🚌巴士站本陣跡下車即到 🅿10輛 MAP P133F4

はたのちゃや
畑の茶屋

提供價格實惠的小物

店售適合日常生活使用的寄木細工小物和器皿等。鑰匙圈450日圓、手機吊飾600日圓，推薦作為小伴手禮。杯墊DIY課程750日圓也相當熱門。

☎0460-85-7090 🏠箱根町畑宿173 🕘9～17時(DIY課程受理～15時) 🈚不定休 🚌巴士站畑宿下車即到 🅿10輛 MAP P133F4

寄木明信片
500日圓
綴有市松或麻葉等圖樣82日圓，貼上郵票就能寄出的木製明信片

可在寬廣的店內悠哉購物

杯墊架 **2100日圓**
市松圖紋的杯墊架，剛好可收納5塊綴有麻葉圖樣的美麗杯墊。
※照片的杯墊僅供參考

相框
(小) 2800日圓
熱銷的市松圖樣相框，天然木頭的鮮明色調十分吸睛。也有白中帶胭脂紅的類型

無垢　寬口酒杯
4800日圓
杯口光滑的酒杯，閃耀工匠技法的光輝。熱的飲料會損害杯體，必須注意

也推薦作為送人禮品，可洽詢店家

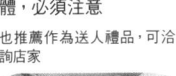

ききょうや
ききょう屋

以現代風格呈現傳統技藝

商品以自家工坊製作的寄木細工為中心，有充滿高級感的無垢產品，到杯墊2000日圓～等日常用品，種類範圍多樣。改以現代風格呈現的商品也相當豐富。

☎0460-85-7902 🏠箱根町畑宿104 🕘10～16時(有季節性變動) 🈚不定休 🚌巴士站畑宿下車即到 🅿10輛 MAP P133F4

📖 寄木細工具有2種加工法，分別是薄削種寄木的「ズク(zuku)」，和用轆轤加工種寄木的「無垢」。

能欣賞四季變化也是入住「環翠樓」(☞P116) 的樂趣之一

塔之澤綠意美不勝收的「四季を味わう宿 山の茶屋」(☞P113)

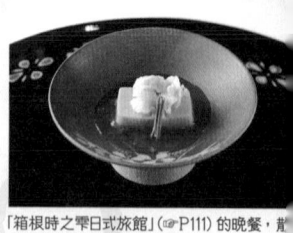

「箱根時之雫日式旅館」(☞P111) 的晚餐，散發出些許的法國料理氛圍

於「星野度假旅館 界 箱根」(☞P110)度過奢華的時光

以明治牛肉鍋為傲的「星野度假旅館 界 箱根」(☞P110)

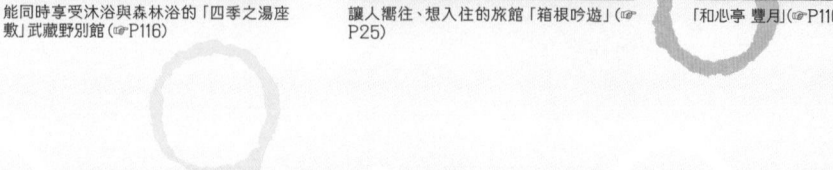

能同時享受沐浴與森林浴的「四季之湯座敷」武藏野別館 (☞P116)

讓人嚮往、想入住的旅館「箱根吟遊」(☞P25)

「和心亭 豐月」(☞P110)中湧出美味的水

小田急箱根湖飯店」(☞P114) 的湯房
MAYU之湯以繭為設計主題

前往療癒與放鬆的空間，探尋最適合自己的下榻處

純泡湯也是不錯，
不過還是想住上一晚，盡情享受溫泉！
本篇為這樣的您彙整了推薦的住宿，
要住哪裡實在好難抉擇。

住「箱根吟遊」(☞P25) 時可悠哉享受溪谷
沿岸的浴池

享受靜靜流逝的箱根時光，
為成熟大人獻上隱蔽住宿體驗

從能夠把蘆之湖盡收眼底的料亭旅館，到充滿情調的老字號旅店……
以下將介紹使用五感享受、為成熟大人獻上的溫泉住宿。

蘆之湖
わしんてい ほうげつ
和心亭 豐月

**亦可品嘗時髦懷石料理
能飽覽蘆之湖的溫泉旅館**

興建於箱根神社東邊高地的料亭旅館，能將蘆之湖盡收眼底。15間客房中都備有下嵌式座位，附設露臺或瞭望檜木浴池的房型也廣受好評。魅力餐點則是在當季美味中加入法國料理和異國料理的精髓做法，打出「時髦懷石」的名號。創業以來每個月都會更換菜色，也是另一重點。純硫磺泉的溫泉也是讓人身心放鬆。

☎0460-83-7788 🏠箱根町元箱根90-42 🚌巴士站元箱根步行17分（有免費接駁車）🅿20輛 ●全15間客房（和式15）●1992年6月開業 ●泉質：單純硫磺泉 ●室內浴池2 露天2 包租2 (MAP)P141B1

```
    1泊2食費用
❖ 平　日  30390日圓〜
❖ 假日前日 33630日圓〜
🕒 IN 15:00 OUT 11:00
純泡湯處　無
```

大廳設有落地玻璃，視野開闊（左）引用元箱根溫泉的露天浴池「邂逅之月～灯～」（中）為放鬆精神設置的「很小很小的圖書館」（右）

箱根湯本
ほしのりぞーと　かい はこね
星野度假旅館　界 箱根

**重新翻修最頂層的8間客房
全客房皆有面河景觀的溫泉旅館**

能夠沉澱心靈的旅館，位湯坂山和須雲川的懷抱內。浸泡在古代檜木製成的半露天浴池裡，欣賞優美景色，宛如已融入大自然中。客房綴有時尚的寄木細工裝飾，此外也有與寄木細工相關的活動和住宿方案。

☎0570-073-011（界訂房中心，9〜20時）🏠箱根町湯本茶屋230 🚌箱根湯本站車程7分 🅿15輛 ●全32間客房（和式24、洋8）●2012年12月翻修 ●泉質：鈉氯化物泉●半露天2 (MAP)134A3

```
    1泊2食費用
❖ 平　日  31000日圓〜
❖ 假日前日 35000日圓〜
🕒 IN 15:00 OUT 12:00
純泡湯處　無
```

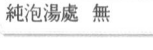

簍空一整面牆的大浴場為半露天浴池，往如置身森林之中。十分推薦晨間泡湯（左上）「明治牛肉鍋」自開業以來就廣受好評，可在特製宴席中品嘗到（左下）

源泉放流式　🏠房內用餐　美容美體　有禁煙房　有大浴場　可單人住　有泡湯附餐行程

強羅

強羅環翠樓
ごうらかんすいろう

旅館內有大正時代維護至今的庭園 親身感受大自然的氣息

承接舊三菱財閥岩崎家的別墅後，於昭和24(1949)年創業。內佇立著本館和4棟獨立房舍，每間客房都能欣賞四季各異的自然美景。其中「松之間」是岩崎家時代使用的客房，原貌呈現，夏天還會掛上捲簾，相當涼爽。注入2處源泉的露天浴池也令人期待。

☎0460-82-3141 圍箱根町強羅1300 ❷強羅步行2分 🅿15輛 ●全14間客房（和式10、獨立4）●1949年開業 ●泉質:鹼性單純溫泉 ●室內浴池2 露天2 MAP P136C2

庭園裡春天綻放杜鵑與皐月杜鵑，秋天則有楓紅，可以享受四季分明的大自然

····· 1泊2食費用 ·····
⊹ 平　日　21750日圓～
⊹ 假日前日　24990日圓～
🕐 IN 14:00 OUT 10:00

純泡湯處　無

於源泉放流式的露天浴池，享受奢華氛圍

湯之澤

福住樓
ふくずみろう

明治23(1890)年創業， 登錄為有形文化財的建築物充滿吸引力

長久以來到川端康成、島崎藤村等名人愛戴的旅館。建築為京普請形式的數寄屋風格，此建築曾被評為「將竹子美感發揮到極致」，客房共17間。客房內的隔間和構造全都不同，從中可感受到和風氣韻及歷史。此外，源泉放流式溫泉也是自豪的部分之一。

☎0460-85-5301 圍箱根町塔之澤74 ❷塔之澤站步行6分 🅿6輛 ●全17間客房（和式17）●1890年開業 ●泉質:鹼性單純溫泉 ●室內浴池2 包租1 MAP P134C1

鑿穿大棵松木樹幹的著名浴池「大丸風呂」

····· 1泊2食費用 ·····
⊹ 平　日　22000日圓～
⊹ 假日前日　22000日圓～
🕐 IN 15:00 OUT 10:00

純泡湯處　無

佇立於早川溪谷沿岸。3層樓的木造建築已登錄為有形文化財

宮之下

箱根時の雫日式旅館
はこね ときのしずく

擁有夢幻體驗 1日限定8組的時尚旅館

全客房附設檜木露天浴池，房內空間達63m²以上。自義大利特別訂製的時尚室內用品，散發出華麗氛圍。由於最晚是12時退房，因此能悠閒度過放鬆的好時光。

☎0460-82-4343 圍箱根町宮ノ下416 ❷宮之下站步行5分（免費接駁請洽詢）🅿40輛 ●全8間客房（和式8）●2006年6月開業 ●泉質:鈉氯化物泉 ●露天8（客室）MAP P137D3

運用原創按摩精油美容身體的香氛沙龍「ココシェニック」。美體療程90分16200日圓～等

····· 1泊2食費用 ·····
⊹ 平　日　34710日圓～
⊹ 假日前日　34710日圓～
🕐 IN 15:00 OUT 12:00

純泡湯處　無

於餐廳享用加入大量當季食材的晚餐

暖身效果　去角質　水潤肌膚　血液循環UP　美白效果　緊實肌膚　光滑肌膚

獨享浴池！
房內附設露天浴池的旅宿

若入住附設露天浴池的客房，無時無刻都可盡情享受泡湯樂趣。
近身體驗箱根大自然，還能擁有豪華的住宿體驗，這就是魅力所在。

入住這間客房

附設露天浴池的頂樓客房
1晚2人入住時1人
38100日圓～
天花板挑高的寬闊空間。在床後方的榻榻米空間「憩」讓身心休息

小涌谷 🏠(部分) 🧖 ♨ 🚭 🛁 🚻 ♨

はこねこわきえん てんゆう

箱根小涌園 天悠

露天浴池宛如浮在空中
能夠瞭望絕美景緻

2017年4月開幕，客房四周高山和溪谷環繞，所有房間皆附設露天溫泉浴池，可邊欣賞美景邊享受泡湯之樂。大浴場「浮雲之湯」位在6樓，能夠體驗到浮在空中般的開闊感。晚餐則到餐廳享用，五彩繽紛的和洋創意料理能大大滿足視覺與味蕾。若想更加放鬆，不妨到「庵SPA箱根」做個美體美容。

大廳中有美麗的龜甲紋LED裝置藝術

☎0460-82-5111 🏠箱根町二ノ平1297 🚌小涌谷站搭接駁車10分 🅿75輛 ●全150間客房(和2、洋2、和洋146) ●2017年開業 ●泉質：鈉氯化物泉 ●室內浴池2 露天2 MAP P136B4

┄┄┄ 1泊2食費用 ┄┄┄
❖ 平　日　　35790日圓～
❖ 假日前日　36330日圓～
🕐 IN 15:00 OUT 11:00
純泡湯處　無

住宿

⏰模擬行程

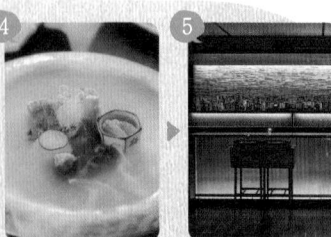

1　大廳設有複合式交誼空間，於此辦理入住手續

2　客房窗外是一整片箱根外輪山的絕景，到此歇息片刻

3　至大浴場「車澤之湯」或「浮雲之湯」泡湯

4　晚餐到餐廳享用和洋創意料理

5　到面向庭園的酒吧，喝杯雞尾酒

箱根湯本

せいかんそう
靜觀莊

客房露天浴池能欣賞湯坂山綠意
佇立於舊東海道旁的旅館

共有9間客房，其中可正面看見湯坂山
的5間客房設有露天浴池。此外，大浴
場的室內浴池和足湯處也可邊泡湯，
邊欣賞箱根四季迥異的大自然風貌。
晚餐為每月更換菜色的創意料理。

☎0460-85-5795 箱根町湯本茶屋19
箱根湯本站步行20分，或搭乘旅館公會繞
行巴士5分 P15輛 全9間客房(和1、洋8)
1955年10月開業 泉質：鹼性單純溫泉
室內浴池2 露天9(客房) MAP134C2

客房窗外滿布藝術品般的綠意

⋯⋯⋯⋯ 1泊2食費用 ⋯⋯⋯⋯
平日 24450日圓～　假日前日 27690日圓～
IN 15:00 OUT 11:00

純泡湯處　無

入住這間客房
琥珀
1晚2人入住時1人
37410日圓～
客房內有雙床房室，以
及鋪有琉球場場米的4
坪和室空間，露臺設有
露天浴池

在露臺空間聆聽風、鳥和
林木的天籟

⋯⋯⋯⋯ 1泊2食費用 ⋯⋯⋯⋯
平日 29500日圓～　假日前日 34000日圓～
IN 15:00 OUT 11:00

純泡湯處　無

入住這間客房
箱根
1晚2人入住時1人
40000日圓～
設有寢室、4坪和室及
露臺半露天浴池

二之平

はこねりょうりやど きゅうあん
箱根料理宿 弓庵

舉行箱根大文字燒的明星岳就在眼前
光陰靜謐流逝的旅館，餐點為一大賣點

9間客房全附設源泉放流式的露天或
半露天浴池，晚餐為懷石料理，使用
講究的當季食材，據說還是主廚親自
造訪生產業者才尋覓而來的。裝盛的
器皿也是選用箱根獨有的漆器、寄木
和竹器等。

☎0460- 86-0030 箱根町二ノ平1297-
248 小涌谷站車程5分(自小涌谷站有接駁
車,需預訂) P11輛 全9間客房(和2、洋2、
和洋5) 2008年開業 泉質：單純溫泉
露天9(客房) MAP136B3

塔之澤

しきをあじわうやど やまのちゃや
四季を味わう宿 山の茶屋

越過早川的吊橋
前往綠意包圍的獨棟旅館

創業於昭和35(1960)年，四周竹林
環繞，館內則是活用創業當時的木造
建築情調。客房內輕柔地傳來早川的
潺潺水聲，不管是在房裡或是到野趣
橫生的露天浴池放鬆歇息，都是好選
擇。附設露天浴池的客房共有11間。

☎0460-85-5493 箱根町塔之澤171
箱根湯本站搭乘往塔之澤的旅館公會繞行巴
士5分 P10輛 全15間客房 (和15) 1960
年開業 泉質：弱鹼性單純溫泉 室內浴池
1 露天2 包租1 MAP P134B1

散發沉穩氛圍的撫子內也有
露臺,可盡享大自然

⋯⋯⋯⋯ 1泊2食費用 ⋯⋯⋯⋯
平日 21534日圓～　假日前日 27474日圓～
IN 15:00 OUT 10:00

純泡湯處　無

入住這間客房
撫子
1晚2人入住時1人
34602日圓～
熱門房型,附設可欣賞
塔之澤綠意的5坪和室
及露臺

暖身效果　去角質　水潤肌膚　血液循環UP　美白效果　緊實肌膚　光滑肌膚

箱根住宿 ● 房內附設露天浴池的旅宿

113

約些喜歡溫泉的朋友，
住進經濟實惠又令人滿意的溫泉旅館

氣氛不在話下，餐點、浴池，甚至費用都無可挑剔，
連喜愛溫泉的朋友都能滿意的實惠旅館在這裡。

魅力在這邊！
硝酸鹽及碳酸氫鈉泉的「湯房MAYU之湯」。也可使用以蠶為設計主題的蒸氣三溫暖

仙石原

おだきゅう はこねらいくほてる
小田急箱根湖飯店

魅力在於天然溫泉和豐富的大自然

佇立在蘆之湖畔，處於靜謐中的旅館。添加和風元素的客房，卻讓人留下時尚的印象。晚餐為和洋混合的宴席料理。大自然環繞的露天浴池也設有單人浴缸和蒸氣三溫暖，可於此度過療癒的片刻時光。純泡湯亦是充滿樂趣。

☎0460-84-7611 住箱根町湖尻桃源台 交巴士站箱根レイクホテル步行1分 P50輛 ●全48間客房(和34、洋8、和洋6) ●2014年3月翻修 ●泉質：硝酸鹽及碳酸氫鈉泉 ●室內浴池2 露天2 MAP P140A1

1和室擺放低床，繪有芒草的彩繪牆十分美觀
2晴天時於能欣賞花園的開放式露臺上享用早餐

1泊2食費用
+ 平 日 9800日圓～
+ 假日前日 12900日圓～
⏱ IN 15:00 OUT 10:00

純泡湯處 1200日圓

箱根湯本

まいゆくーるしょうげつ
Maile Coeur祥月

充分享受度假型住宿

能以全程手壓的美體及推拿、整套的晚餐、附設露天浴池的大浴場甦活身心。晚餐為以和食為主調的創意料理全餐。亦有提供附設瞭望浴池或大理石浴池的高級房25000日圓～。

☎0460-85-5748 住箱根町湯本468-1 交箱根湯本站步行8分 P20輛 ●全38間客房(和7、洋24、和洋7) ●1951年12月開業 ●泉質：弱鹼性單純溫泉 ●室內浴池2 露天2 MAP P135D2

魅力在這邊！
露天浴池「美樂之湯」注滿弱鹼性單純溫泉水，也設有露天按摩浴池

1泊2食費用
+ 平日 16400日圓～ + 假日前日 19900日圓～
⏱ IN 15:00 OUT 11:00

純泡湯處 無

Mile原創美體＆美顏課程90分15000日圓，十分搶手

仙石原 �︎🚭ゆ🧖🏊潤

しきくら はこねわのか
四季倶楽部 箱根和の香

價錢實惠的熱門旅館

全年四季1人1晚只要5400日圓
就能入住。還可追加早餐540日
圓，晚餐2700日圓。散發硫磺
香的溫泉，溫熱到身體深處。

☎0460-84-7793 🏠箱根町仙石原小
塚山1285 🚌巴士站小塚入口步行2分
🅿12輛 ●全12客房(和10、洋2) ●
2008年4月翻修 ●泉質：單純溫泉、硫
酸鹽泉 ●室內浴池2 MAP P139E3

＊＊＊ 魅力在這邊！ ＊＊＊
大浴場男女分開，
設有室內浴池。能以源泉
放流式享受乳白色的濁
泉，實在令人開心

沉靜的旅店，位在箱根小塚山的大自然
懷抱中。圖為開闊的大廳

.... 1泊費用 ....
❖ 四季5400日圓
🕐 IN 15:00 OUT 10:00

純泡湯處　有　(1130日圓)

箱根住宿 ●住進經濟實惠又令人滿意的溫泉旅館

＊＊＊ 魅力在這邊！ ＊＊＊
大浴場「蘆之湖」為可容納
10人左右的寬敞室內，
另設有充滿野趣的
石造露天浴池

於館內餐廳能品嘗到晚餐的全餐料理

小涌谷 ゆ🔥

うたゆのやどはこね
うたゆの宿箱根

打赤腳徹底放鬆的高原溫泉飯店

客房採用時尚的彩色榻榻米，而
且從大廳起全館皆鋪放榻榻米，
所以可打赤腳放鬆享受。浴池分
男湯及女湯，設有大浴場和露天
浴池，包租浴池採當日預定制，
先到可先預訂。

☎0570-783-026(訂房中心) 🏠箱根
町小涌谷笛塚442-10 🚌巴士站笛塚
步行1分 🅿30輛 ●和洋室50間 ●
2009年7月開業 ●泉質：鹼性氯化物
泉 ●室內浴池2 露天2 包租2 其他1
MAP P140C2

.... 1泊2食費用 ....
❖ 平日　9720日圓～　　❖ 假日前日　12420日圓～
🕐 IN 14:00 OUT 12:00

純泡湯處　無

塔之澤 🍵ゆ🧖🏊

とうのさわ いちのゆほんかん
塔之澤 一之湯本館

建築物為國家登錄的有形文化財

數寄屋風格的老牌旅館，創業至
今已逾380年，耳邊會輕柔地傳
來早川的潺潺水聲。大正時代曾
建造充滿格調的大會廳，目前餐
廳還留有當時的風采，館內的古
典氛圍也是魅力無限。

☎0460-85-5331(綜合預定中心) 🏠
箱根町塔之澤90 🚌塔之澤站步行4分
🅿15輛 ●全21客房(和21) ●2011
年2月翻修 ●泉質：鹼性單純溫泉 ●室
內浴池2 包租1 MAP P134C1

全客房都面向早川溪谷

＊＊＊ 魅力在這邊！ ＊＊＊
邊感受早川溪谷的
大自然，邊享受溫泉。
亦有義大利進口的
復古包租浴池

...... 1泊2食費用(消費稅・入湯稅另計)
❖ 平日　8000日圓～　　❖ 假日前日　11100日圓～
🕐 IN 15:00 OUT 10:00

純泡湯處　有　(960日圓，消費稅及入湯稅另計)

🔥 暖身效果　✂ 去角質　潤 水潤肌膚　🩸 血液循環UP　白 美白效果　🧖 緊實肌膚　✨ 光滑肌膚

箱根住宿

箱根的優質住宿

散發濃濃日本風情的老旅館、
及設備充足的飯店等，
箱根匯集了多樣的住宿設施。

箱根湯本
ばんすいろう ふくずみ
萬翠樓 福住

擁有創業300餘年的歷史
明治棟採擬洋風建築，建於明治12
(1879)年，已列為國家的重要文化
財。以繪有富士山和花鳥天花板畫的
15號房為首，客房頗有格調。**DATA**
☎0460-85-5531 住箱根町湯本643 交箱根湯本站步行6分
P14輛 有接駁（需洽詢）Y平日21750日圓～ 假日前日24990
日圓～ IN15時 OUT11時 全15間客房(和15) 1625年開
業 泉質：鹼性單純溫泉 浴池：室內1 露天2 **MAP**
P135D4

箱根湯本
こころのおやど ゆうしんてい
こころのおやど 遊心亭

別出心裁的和風客房相當搶手
窗外廣布大自然景觀的一般客房，和
4間附設露天浴池的客房都備受歡
迎。大磁場「月白之湯」內設有石造的
室內浴池及野趣橫生的露天浴池。
DATA ☎0460-85-5757 住箱根町湯本茶屋193 交箱根湯本
站旅館公會繞行巴士5分 P7輛 無接駁 Y平日13110日圓～
假日前日16350日圓～ IN15時 OUT10時 全8間客房(和
5、和洋3) 2007年翻修 泉質：鹼性單純溫泉 浴池：室
內2 露天2 包租露天1 **MAP**P134B3

塔之澤
もとゆ かんすいろう
元湯 環翠樓

4層樓的建築物為有形文化財
擁有約400年歷史的著名旅館，篤姬
與和宮親子內親王曾到訪。溪流沿岸
的客房目前還使用大正時代的照明設
備；大浴池的室內浴池是以復古磁磚
所打造，只在館內就已樂趣無窮。**DATA** ☎0460-85-5511 住
箱根町塔之澤88 交塔之澤站步行7分 P30輛 無接駁 Y平日
19440日圓～ 假日前日21600日圓～ IN15時 OUT10時 全22
間客房(和21、獨立1) 1614年開業 泉質：鹼性單純溫泉 浴
池：室內2 露天2 **MAP**P134C1

宮之下
「しきのゆざしき」むさしのべっかん
「四季之湯座敷」
武藏野別館

溫泉皆是自家源泉
佇立於蛇骨溪谷的旅館。能在天然林
中的包租露天浴池，或檜木打造的大
浴場中放鬆泡溫泉。晚餐是在客房內
享受正統的懷石料理。**DATA** ☎0460-82-4341 住箱根町宮ノ
下425-1 交宮之下站車程5分 P24輛 有接駁（抵達後須聯絡）
Y平日24840日圓～ 假日前日27000日圓～ IN15時 OUT11時
全20間客房(和20) 1968年4月開業 泉質：鈉氯化物泉 浴
池：室內2 露天2 包租露天3 **MAP**P137D3

小涌谷
はこねこわきだにおんせん みずのと
箱根小涌谷溫泉 水之音

可享用小涌谷及宮之下2處溫泉
到附設4處露天浴池的大浴場或3處
包租溫泉，盡情享受溫泉之樂。此外，
不只溫泉，在設有露天浴池的客房
內，可從露臺望見雄偉的箱根群山。
DATA ☎0460-82-6011 住箱根町小涌谷492-23 交小涌谷站
步行15分 P60輛 有接駁 Y平日26150日圓～ 假日前日29150
日圓～（和洋室）IN15時 OUT11時 全95間客房(和洋76、洋
19) 2006年10月翻修 泉質：鈉鈣氫碳酸泉 浴池：室內4
露天4 包租3 **MAP**P136C4

小涌谷
みかわやりょかん
三河屋旅館

明治16(1883)年創業的旅館
與謝野晶子夫妻也曾到訪的旅館，作
為主館的霞館，是翻修自興建於大正
時代的松竹館。孫文也曾下榻松竹
館，5號房裡目前還裝飾著孫文的墨
寶。**DATA** ☎0460-82-2231 住箱根町小涌谷503 交巴士站蓬
萊園下車即到 P30輛 無接駁 Y平日20130日圓～ 假日前日
23370日圓～ IN15時 OUT10時 全32間客房(和26) 2007
年12月霞館翻修 泉質：鹼性／單純溫泉 浴池：室內2 露天2
包租露天3 **MAP**P136B4

強羅
ごうらてんすい
強羅天翠

女性可免費租借顏色繽紛的浴衣
引注乳白色溫泉水的露天浴池，或美
容美體60分14000日圓～等，提供充
足的設施放鬆身心。客房基本上是6
坪和室，也有附設露天浴池的和室。
DATA ☎0460-86-1411 住箱根町強羅1320-276 交強羅站下
車即到 P10輛 無接駁 Y平日27150日圓～ 假日前日37150日
圓～ IN15時 OUT11時 全20間客房(和10、洋3、和洋7)
2014年7月翻修 泉質：酸性鈣硫酸鹽及氯化物泉 浴池：
室內2 露天2 包租露天3 **MAP**P136B1

源泉放流式 房內用餐 有美容美體 有禁煙房 有大浴場 可單人住 暖身效果 去角質

強羅

はいあっと りーじぇんしーはこねりぞーとあんどすぱ

箱根凱悅
Spa度假村

可享受更高級的優質住宿

客房散發時尚氛圍，還附設大陽台或露臺，非常開闊。另可享受正統美體美容(全身90分21967日圓~)，放鬆身心。 **DATA** ☎0460-82-2000 🏠箱根町強羅1320 🚃上強羅站步行4分 🅿57輛 🚌有接駁(需洽詢) 💴全日33950日圓~ 🕐IN15時 OUT12時 ●全80間客房(和12、洋68) ●2006年12月開業 ●泉質：酸性硫酸鹽泉 ●浴池：室內2 露天0 可租露天0 **MAP**P136A2

仙石原

おだきゅう はこねはいらんどほてる

小田急
高原飯店

占地1萬5000坪，綠意盎然

出歐風的本館與「森之宅邸」構成，後者有2種房型，分別是附有露天溫泉浴池和能和愛犬同住的客房。餐廳「La Foret」(☞P74)也頗具人氣。 **DATA** ☎0460-84-8541 🏠箱根町仙石原品の木940 🚃巴士站品の木・箱根ハイランドホテル下車即到 🅿65輛 🚌無接駁 💴平日19150日圓~ ・假日前日25150日圓~ 🕐IN15時 OUT12時 ●全74間客房(洋74) ●2014年3月翻修 ●泉質：硫酸鹽泉 ●浴池：室內4 露天2 **MAP**P139D2

仙石原

つきのはな あうる

月之花 梟

1日限定4組的幽居式住宿

許多住宿客都是回頭客。全客房皆附設露天浴池，引注大涌谷的溫泉水。也相當自豪地使用相模灣魚貝類製作的創意懷石料理。 **DATA** ☎0460-84-2234 🏠箱根町仙石原956-8 🚃巴士站品の木・箱根ハイランドホテル步行3分 🅿6輛 🚌無接駁 💴平日26000日圓~ ・假日前28000日圓~(兩者皆未含稅) 🕐IN15時 OUT10時30分 ●全4間客房(和洋4) ●2008年7月開業 ●泉質：酸性鈣鎂硫酸鹽及氯化物泉 ●浴池：包租室內1 露天1 **MAP**P139E2

仙石原

きんのたけ

金乃竹

館內以《竹取物語》為設計意象

館內所有地方皆以竹子裝飾，全10間客房都附設露天溫泉浴池，房內空間更達50~108m²，相當寬敞。樓中樓設計的房型「空」，設計極盡奢華享受，置有能俯瞰仙石原的屋頂露天浴池等。 **DATA** ☎0460-85-9200 🏠箱根町仙石原817-342 🚃巴士站台ヶ岳步行2分 🅿10輛 🚌無接駁 💴平日36720日圓~ ・假日前日39960日圓~ 🕐IN15時 OUT11時 ●全10間客房(和洋10) ●2005年11月開業 ●泉質：硫酸鹽泉 ●浴池：室內1 **MAP**139D3

仙石原

はこねせんごくはらぷりんすほてる

箱根仙石原王子大飯店

位在大自然豐富的仙石高原

2015年4月翻修後重新開幕。用地內有網球場，連動後推薦到溫泉浴場出汗，客房為擺放雙床的西式房型，於此能遠眺箱根外輪山。 **DATA** ☎0460-84-6111 🏠箱根町仙石原1246 🚃巴士站仙石高原步行10分 🅿99輛 🚌有接駁 💴平日前日18512日圓~ 🕐IN15時 OUT11時 ●全100間客房(洋100) ●2015年4月翻修 ●泉質：單純溫泉 ●浴池：室內2 露天2 **MAP**P138A4

仙石原

おーべるじゅ はこねふぉんてーぬ・ぶろーせんごくてい

雅芳婷仙石亭酒店

盡享箱根的天然溫泉與美食的大好時光

可享受全客房皆附設的天然溫泉露天浴池和美味的法國料理。大浴場也採用100%天然溫泉。 **DATA** ☎0460-84-0501 🏠箱根町仙石原1245-703 🚃巴士站箱根カントリー入口步行10分 🅿10輛 🚌有接駁 💴平日21600日圓~ ・假日前日33480日圓~ 🕐IN15時 OUT11時 ●全12間客房(洋12) ●2012年7月翻修 ●泉質：酸性鈣鎂硫酸鹽及氯化物泉 ●浴池：室內2 **MAP**P140A1

蘆之湖

たくみのやど よしまつ

匠之宿 佳松

充滿和情調的旅館

日本庭園、數寄屋風格的客房等療癒人心。由於位在蘆之湖畔的高地，晴天時部分房間可看見富士山。晚餐為每月更換菜色的正統京都風懷石料理，共會端出12道佳餚。 **DATA** ☎0460-83-6661 🏠箱根町元箱根521 🚃巴士站箱根町步行6分 🅿25輛 🚌有接駁(抵達時需聯絡) 💴平日32400日圓~ ・假日前日34560日圓~ 🕐IN15時 OUT11時 ●全19間客房(和17、和洋1、洋1) ●1989年3月開業 ●泉質：單純硫磺泉 ●浴池：室內2 露天2 包租室內1 **MAP**P141B4

蘆之湖

おだきゅう やまのほてる

小田急山之飯店

溫泉及SPA讓您變美麗

從所有客房都能眺望到，以杜鵑和石楠花等遠近馳名的庭園(☞P42)。自家源泉的溫泉，人稱美膚之湯，浸泡注滿這種溫泉的大浴池和SPA(☞P25)，甦活身心。 **DATA** ☎0460-83-6321 🏠箱根町元箱根80 🚃巴士站元箱根港搭接駁巴士5分 🅿100輛 🚌有接駁(定時行駛) 💴平日26150日圓~ ・假日前日29150日圓~ 🕐IN15時 OUT12時 ●全89間客房(洋86、和洋3) ●2015年4月翻修 ●泉質：鹼性單純溫泉 ●浴池：室內2 露天2 **MAP**P141A1

過去為東海道的宿場町
遊逛小田原城和城下町

無論今日還是往昔，小田原都是以交通要衝而繁榮，此處充滿歷史底蘊。
小田原城就不用說了，當然也不能錯過傳統美食。

小田原是
什麼樣的地方

位在面向相模灣的足柄平原，戰國
時代為小田原北条氏的根據地，發
展繁榮為城下町。此外，江戶時代
為東海道的宿場町而興盛，現今也
是新幹線和國道1號通過的交通要
衝。海產豐富，魚板等特產亦遠近
馳名。

交通方式
電車：自箱根湯本站搭乘箱根登山電車14
分，於小田原站下車
車：自東名高速公路厚木交流道，經由小田原
厚木道路及國道255號，行駛約30km

洽詢
小田原市觀光課 ☎0465-33-1521
小田原市觀光協會 ☎0465-22-5002

昭和35(1960)年重建的天守閣，自頂樓可望見相模灣

建議行程

需時 3 小時

JR小田原站

▼ 步行10分

小田原城址公園

▼ 步行5分

ういろう

▼ 步行5分

籠清本店

▼ 步行15分

ちん里う本店

▼ 步行即到

JR小田原站

おだわらじょうしこうえん
小田原城址公園

留有江戶時代風貌的城址

前身是15世紀中期戰國大名大森氏
修築的山城，其後發展成戰國大名
小田原北条氏的據點城。明治3
(1870)年廢城並遭拆除，現在為國
家指定史蹟，修整為公園。天守閣
內部展示著甲冑、刀劍、古文書和
繪畫等歷史資料。園區內還有3座重
建復元的門、歷史見聞館等。

☎0465-23-1373(小田原市觀光課) ⓐ小
田原市城內 ⓨ公園免費，天守閣500日
圓，歷史見聞館300日圓 ⓞ天守閣等9～
17時(6～8月的週六、日、假日～18時)會依
不同時期延長開館 ⓗ僅天守閣12月第2週
三 ⓔJR小田原站東口步行10分 ⓟ利用周
邊停車場 ⓜ MAP P119A2

1 自天守閣頂層能將箱根群山和相模灣盡收眼底
2 能學習小田原城和北条氏的歷史見聞館
3 作為二之丸正門的銅門，綴有銅片裝飾

ういろう
長年深受愛戴的簡樸和菓子

蒸菓子「外郎(ういろう)」的始祖在此。由外郎家構思出的米粉蒸菓子，是僅在小田原販售的傳統伴手禮。在附設的咖啡廳中，可品嘗抹茶與和菓子。外郎博物館(免費入館)利用的是1885年建造的倉庫，也值得一訪。☎0465-24-0560 住小田原市本町1-13-17 ⏰10～17時 休週三、第3週四 交JR小田原站東口步行15分 P15輛 MAP P119B2

籠清本店
講究原料和製法的魚板店家

主要使用最適合製造魚板的「黃花魚」。由於是用石臼磨碎魚肉，所以不會喪失鮮甜味，能品嘗到令人咋舌的口感。除附木板的魚板1026日圓～，依季節改變圖樣的花魚板也十分熱銷。☎0465-22-0251 住小田原市本町3-5-13 ⏰8時30分～18時 休無休 交JR小田原站東口步行15分 P15輛 MAP P119B2

ちん里う本店
精心醃漬的梅乾廣受好評

主體為明治4(1871)年創業的料亭「枕流亭」。無添加化學物的梅乾，僅用鹽醃漬國產梅子而成，果肉軟嫩，風味十足。其中特別自豪的單品為「梅一輪」，用代表小田原曾我梅林的品牌梅「十郎」的大顆梅乾製成。☎0465-22-4951 住小田原市榮町1-2-1 ⏰9～18時 休元旦 交JR小田原站東口步行即到 P無 MAP P119B1

ういろう招牌銘點
各648日圓～

花魚板
各518日圓～

梅一輪
1粒292日圓～

稍微走遠一些●遊逛小田原城和城下町

了解魚板的一切

魚板為小田原名產。前去「鈴廣魚板村」走走，在那裡能買東西、吃美食、學知識，甚至還可親自體驗製作！

老鋪「鈴廣かまぼこ」於2015年迎來創業150周年，此為其開展的設施。廣大的園區內林立著鈴廣蒲鉾本店、魚板博物館、餐廳等。餐廳「千世倭樓」是移建自秋田和飛驒的古民宅，可在此享用和食和蕎麥麵。此外，也有提供自助餐的餐廳。鈴串市場以魚板為中心，販售乾貨、鹽醃海鮮和生活用品等約100種小田原及箱根的伴手禮，要找伴手禮來這裡準沒錯。亦有魚板坊，能夠品嘗比較價位不同的魚板。

廣大的園區內各式建築林立，也能享受遊逛樂趣

☎0465-22-3191 住小田原市風祭245 ⏰9～18時(週六、日、假日～19時，1月除外)，因設施而異 休無休(有臨時公休) 交直通風祭站 P300輛 MAP P90B1

千世倭樓「潮之音」的熱門餐點「煮魚膳」

在魚板博物館內可體驗魚板DIY(需預約)

挖寶去！
御殿場PREMIUM OUTLETS

+箱根湯本出發
拾乘巴士約70分

到訪全球一流精品匯集的暢貨中心，
在壯麗的富士山的景色之下，享受購物樂趣。

+御殿場PREMIUM OUTLETS
是什麼樣的地方

占地約40萬3100m²，為日本國內規模最大的暢貨中心。地理位置佳，從箱根前往交通也相當便捷，自御殿場交流道前去只需約2km。設施分為West區和East區，店鋪數量超過200家。在晴天時可以看見世界文化遺產富士山，所處位置亦是一大魅力。

交通方式

🚌 巴士：JR御殿場站轉搭免費接駁巴士15分

☎0550-81-3122 🏠御殿場市深沢1312 🕙10～20時（有季節性變動）🏖2月的第3週四 🅿約5000輛 MAP 隨身地圖背面B1

便利的接駁巴士

接駁巴士自御殿場站發車，每小時4班，途中也會停靠御殿場交流道，所以搭乘高速巴士前往亦便於轉乘。若從東京首都圈出發，東京站、新宿站、池袋站、橫濱站、品川站、多摩廣場站和日吉站都有直達巴士行駛。

1 2 位在富士山麓的暢貨中心，店鋪面積傲視全日本。由於內部寬廣，因此迷路時請前往服務中心。
3 園區內以北美歷史懷舊的街景為意象

餐廳 & 外帶餐點也很豐富

West
くれーじー くれーぷす
Crazy Crepes

以新鮮牛奶和雞蛋代替水製成的餅皮，口感軟綿蓬鬆。店售熱呼呼的熱可麗餅、正餐系列可麗餅等，種類豐富。

☎0550-84-5540

Crazy草莓
520日圓

East
おおかまどめし とらふく
大かまど飯 寅福

可品嘗種類豐富的和食。以大爐灶炊煮的十六穀米等3種米飯，和青菜等3種小菜可無限續盤。

☎0550-70-1800

雙主菜定食
1640日圓

West
ふぉしょん
FAUCHON

能享用店內廚房現烤的麵包，還有從法國進口的紅茶及咖啡。由於距離巴士迴轉站很近，因此回程時外帶也不錯。

☎0550-82-5100

鮮蝦三明治
475日圓

※以上為2017年4月1日時的資訊，價格和內容有可能變動。

購物小知識

❶ 折扣 1年2次
每年1月和8月會展開大約為期10天的折扣，各店內會陳列價格比平時更加實惠的商品。

❷ 會出現 期間限定店舖
大概每1個月都會有不同的熱門品牌以期間限定模式展開暢貨銷售，請留意官方網站。

❸ 與小孩一同前來 也可放心
除設有多處哺乳室和嬰兒床之外，還會不定期實施收費的托兒服務。

❹ 售後服務 也十分完善
設有2處可修改服飾的「媽媽のリフォーム」，亦可當場委託寄送手邊物品（收費），輕鬆踏上歸途。

❧ 暢貨中心內是這個樣子 ❧

巴士迴轉站
除接駁巴士外，箱根登山巴士和高速巴士也都是於此上下車。

時尚服飾
運動用品
生活雜貨
時尚配件
餐廳及咖啡廳
店舖類型為2017年3月資訊

夢想大橋
連結West和East的橋樑，天氣晴朗時是觀賞富士山的絕佳地點。

FAUCHON
Crazy Crepes
沼津魚がし鮨
Godiva
St. Cousair
大かまど飯 寅福
噴水前廣場
Godiva

West
由於巴士迴轉站在此，因此這裡是搭乘巴士者的出發點。聚集眾多販售飾品和化妝品的店舖。

East
有許多國外高級品牌和知名運動用品品牌。相約在美食區，或設有長椅的噴水池前廣場集合也很方便。

噴水池前廣場
有噴水池的廣場，設有長椅，適合來此小歇片刻。

East
ぬまづうおがしずし
沼津魚がし鮨
每天早晨都會進貨在駿河灣等近海捕獲的海鮮，提供壽司和生魚片等餐點。用料新鮮又大塊，因而具有高人氣，若要前往，必須有大排長龍的心理準備。
☎0550-81-3139
近海握壽司(每日特選‧附湯)2000日圓

West **East**
ごでいば
Godiva
販售用比利時高級巧克力製作的飲品和冰淇淋。巧克力飲品「巧克力冰沙」的高尚甜味和豐富層次，非常誘人。
☎0550-70-0520
(East)
Dark Chocolate Decadence 590日圓

West
さんくぜーる
St.Cousair
自豪的餐點使用的是，信州豐富大自然孕育出的食材、在地的新鮮食材等。搭配精選葡萄酒一起享用也是一大魅力。
☎0550-81-3388

信州牛的紅酒燉肉 1800日圓

御殿場PREMIUM OUTLETS設有「Play Ground(遊樂設施公園)」，也可享受購物以外的樂趣。

➡ 交通資訊

前往箱根的交通方式

要如何前往目的地？又該如何在目的地內移動？
依出發地和旅行模式，挑選最適合的交通手段吧。

🚄 鐵路 -RAIL-

▶ 自新宿站出發

新宿站	小田急浪漫特快
	約1小時25分　2080日圓　約30分一班

→ 箱根湯本站

新宿站	小田急線快速急行及急行 (小田原站轉乘)
	約1小時55分　1190日圓　1小時3～4班

▶ 自東京站及橫濱站出發

東京站	新幹線回聲號
	約35分　3740日圓　1小時2～3班

東京站	JR東海道線快速Acty
	約1小時15分　1490日圓　白天1小時1班

橫濱站	JR東海道線特別快速及快速Acty
	約45分　970日圓　白天1小時各1班

→ 小田原站

名古屋站	新幹線光號
	約1小時10分　8940日圓　每2小時1班

新大阪站	新幹線光號
	約2小時20分　12620日圓　每2小時1班

▶ 自小田原站出發

小田原站	箱根登山電車
	約15分　310日圓　每1小時3～4班

小田原站	箱根登山巴士及伊豆箱根巴士
	約20分　370日圓　白天每15～20分1班

→ 箱根湯本站

行程安排提要

・前往箱根時，建議選擇不會塞車的鐵路運輸。若想從東京地區出發，搭乘小田急浪漫特快無須換車就能直達箱根湯本，極為便利。
・若想節省旅費，搭乘無須特急費用的小田急線快速急行及急行即可。
・自東京或品川站出發，若想在最短時間內抵達，搭乘新幹線回聲號即可。
・自名古屋或大阪地區前往時，搭乘新幹線光號，再從三島或熱海站轉乘前往箱根地區的巴士即可。

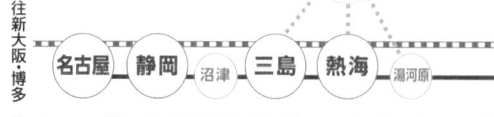

▮▮▮▮▮	東北・上越・北陸新幹線
▮▮▮▮▮	東海道新幹線
▬▬▬▬	湘南新宿線
▬▬▬▬	東海道線
⊓⊓⊓⊓	空中纜車電纜車
┼┼┼┼┼┼	箱根登山電車
▬▬▬▬	小田急電鐵
▪▪▪▪▪	巴士
▬▬▬▬	東京地下鐵

・為2017年4月時的資料，搭乘時請確認最新資訊。
・JR的費用為運費及特急費(一般時期普通車廂的指定席)的總和。
・所需時間僅供參考，實際會依搭乘的列車及班次而有差異。

往新大阪・博多

名古屋 — 靜岡 — 沼津 — 三島 — 熱海 — 湯河原

優惠資訊

箱根周遊券
自新宿站出發　5140日圓(2日券) 5640日圓(3日券)
自小田原站或三島站出發　4000日圓(2日券) 4500日圓(3日券)

為便利的票券，可自由乘坐箱根的登山電車、巴士、空中纜車、海盜船等8種小田急系列的交通工具。扣除在自由搭乘區域內販售的票據，還附小田急線至小田原站的來回車票，但搭乘浪漫特快需另行購買特急券。還附贈50間以上的觀光設施折扣。除小田急線的各站外，相鐵及西武線的各站、箱根登山巴士及東海巴士的服務處、各大旅行社等也有販售。

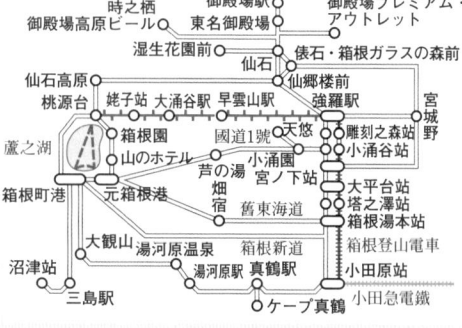

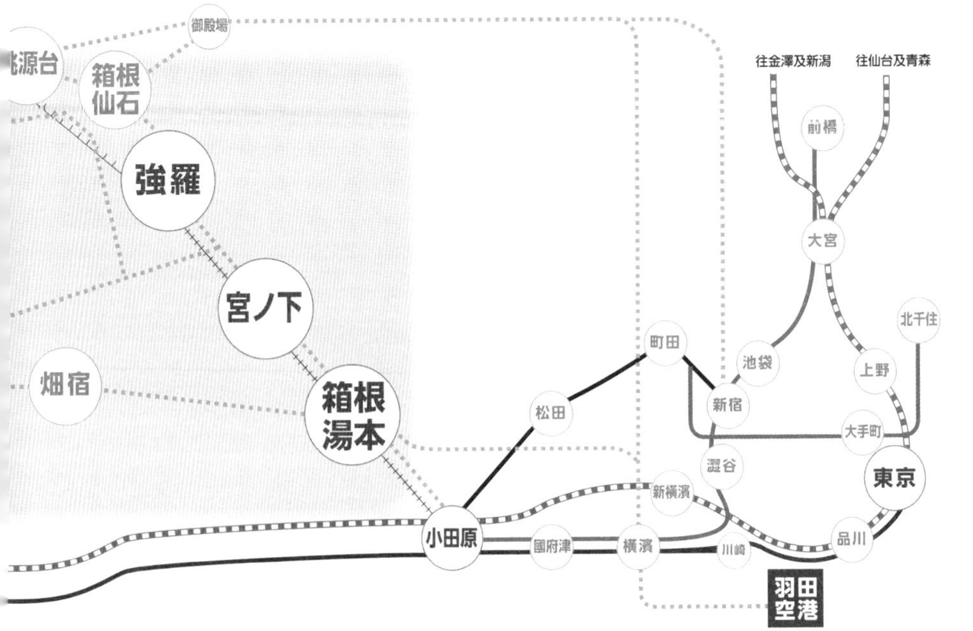

桃源台

箱根
仙石

御殿場

強羅

宮ノ下

畑宿

箱根
湯本

小田原

國府津　橫濱

往金澤及新潟　往仙台及青森

前橋

大宮

町田

池袋

北千住

松田

新宿

上野

大手町

澀谷

東京

新橫濱

川崎

品川

羽田
空港

交通指南 ● 前往箱根的交通方式

箱根舊街道與1號線套票

自新宿站出發3170日圓　自小田原站及箱根湯本站出發1750日圓
最適合一日遊健行。可在單日內自由搭乘至小田原的小田急往
返車班(乘坐浪漫特快需特急券),與下圖自由區間的箱根登山
電車、箱根登山巴士。小田急線新宿站或箱根登山巴士的小田
原、箱根湯本站前服務處等皆有販售。

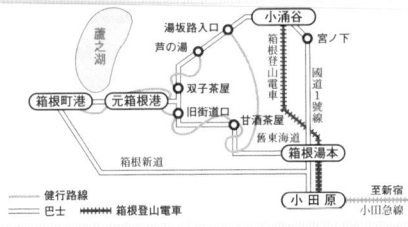

— 健行路線
— 巴士　╫╫╫ 箱根登山電車

新幹線出遊套票

自東京車站、品川站出發至小田原站　往返4630日圓(每1人)
　　　　　　　　　　　至熱海站　往返5450日圓(每1人)

2人以上一同搭乘新幹線光號或回聲號普通車自由席,往返東
京或品川站～小田原站或熱海站區間時販賣。東京或品川
～小田原區間往返每1人省1810日圓,東京或品川～熱海間往
返每1人省1890日圓,非常划算。但是,不包含前往(或離
開)新幹線上下車的東京或品川站所需的JR線車票,這些區段
須另行計費。除此之外,也無法乘坐東京～熱海間的JR東海
道線。另外,旺季和過年期間亦無法使用。票券有效日期為2
日。可至東京、品川、新橫濱、小田原及熱海各站的JR東海
售票處、JR東海旅行社購買。

🚌 高速巴士 -BUS-

出發地	路線 / 所需時間 · 費用 · 班次	目的地
新宿站 南口	**小田急箱根高速巴士** 約2小時15分　2010日圓　每30分～1小時1班	箱根桃源台
橫濱站 東口	**小田急箱根高速巴士／京濱急行巴士** 約1小時50分　1950日圓　1日5班	箱根桃源台
橫濱站 東口	**小田急箱根高速巴士／京濱急行巴士「箱根湯本Airliner」** 約1小時25分　1540日圓　1日2班	箱根湯本站
大阪站前 (東梅田)	**近鐵巴士「金太郎號」** 約10小時20分　7800日圓　1日1班(夜間)	小田原站 東口

行程安排提要

從新宿站南口至箱根地區內目的地,無須換
乘,可直達的便利交通工具就是高速巴士。
若要以便宜的方式自大阪地區前往小田原,
搭乘夜間巴士即可。

洽詢
鐵路

JR東日本客服中心	☎ 050-2016-1600
小田急電鐵客服中心	☎ 03-3481-0066
JR東海電話服務中心	☎ 050-3772-3910
箱根登山電車(鐵路部)	☎ 0465-32-6823

巴士

小田急箱根高速巴士(預約中心)	☎ 03-3427-3160
小田急箱根高速巴士(御殿場營業所)	☎ 0550-84-8003
京濱急行巴士(座位中心)	☎ 03-3743-0022
近鐵巴士	☎ 06-6772-1631
箱根登山巴士(小田原營業所)	☎ 0465-35-1271
伊豆箱根巴士(小田原營業所)	☎ 0465-34-0333
東海巴士橙色接駁	☎ 055-935-6611

箱根當地的交通方式

以登山電車為首，能搭乘各式交通工具遊逛，也是箱根獨特的魅力。盡興遊逛的關鍵在於優惠票券的挑選方式。

類型多元的交通工具

箱根的巴士、電纜車、空專纜車和觀光船等分為兩大系統，分別為小田急集團的「箱根登山系統」，和西武集團的「伊豆箱根系統」，優惠票券也各有不同。若是從新宿搭乘小田急線，再循箱根經典黃金路線，轉搭箱根登山電車、電纜車、空中纜車及觀光船，就要購買「箱根登山系統」的箱根周遊券才方便又實惠。

箱根登山電車

日本少數的登山電車，為「之字形行駛」的山岳鐵路，途中會改變3次行進方向，以之字形攀登飆高落差400m的箱根湯本站～強羅站區間。列車由於是緩慢穿梭於箱根群山之間，因此能夠飽覽車窗外四季分明的大自然。特別推薦6～7月的繡球花季。

箱根登山巴士

為路線巴士，行經路徑幾乎覆蓋箱根全區，主要以小田急站及箱根湯本站為起點，連結元箱根港、箱根町港、仙石原和桃源台地區。下一欄的「觀光設施繞行巴士」也是由箱根登山巴士負責營運。

觀光設施繞行巴士

從強羅、仙石原地區的美術館或博物館，至御殿場PREMIUM OUTLETS，繞行周邊的熱門景點。大部分都是使用配備天窗的復古摩登巴士。能以箱根周遊券搭乘。

伊豆箱根巴士

以小田原、箱根湯本和熱海為起點，穿梭箱根地區的路線巴士。從小田原及箱根湯本前往箱根園有2條路線，但都是在相同的巴士站發車，需多加留意。也有販售自由上下車的周遊巴士。

箱根登山電纜車

從箱根登山電車的終點站強羅站，至箱根空中纜車轉乘站早雲山站，兩者間標高落差200m，關東歷史最悠久的電纜車，以9分鐘串連起這1.2km的距離。瑞士製造的車廂具有寬大的窗戶，能夠欣賞四季各異的自然美景。

箱根空中纜車

24分鐘車程連接早雲山～桃源台路段，只需在途中於大涌谷轉乘1次。班次間隔約1分。能自四周都設有玻璃窗的車廂，享受空中漫步，飽覽大涌谷的白煙，和蘆之湖全景等絕美景緻。空氣澄淨時，甚至可看見東京晴空塔[※]。

箱根 駒岳空中纜車

自蘆之湖畔的箱根園行駛至標高1357m的駒岳山頂，以7分鐘左右攀登完全長1800m的距離。大型車廂可容納101人，在通車當時是日本最大纜車車廂。箱根神社奧宮位在山頂，從該處望見的是將蘆之湖與富士山盡收眼底的大幅全景圖。

箱根海盜船

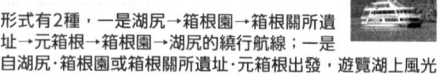

行駛蘆之湖的觀光船，路線為箱根町→元箱根→桃源台→箱根町。運行的海盜船是仿造於17世紀瑞典，或18世紀英國及法國的帆船戰艦。帶著海盜的心情，欣賞湖上風光。

箱根蘆之湖觀光船

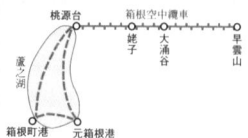

形式有2種，一是湖尻→箱根園→箱根關所遺址→元箱根→箱根園→湖尻的繞行航線；一是自湖尻·箱根園或箱根關所遺址·元箱根出發，遊覽湖上風光後返回原本港口的周遊船。由於是兩艘船體合併的雙體船，因此在船內也能悠哉度過。

優惠資訊

箱根登山電車及電纜車1日乘車券
（火車快跑套票）
1540日圓（當日有效）
可自由搭乘登山電車全線和電纜車全線。

海盜船及空中纜車1日券
2940日圓（當日有效）
可自由搭乘箱根空中纜車與蘆之湖的箱根海盜船。

箱根旅助通票
3000日圓（2日有效）
可自由搭乘伊豆箱根系統的巴士、空中纜車和觀光船，附箱根園水族館門票和觀光設施的優惠折扣。

箱根巴士周遊券
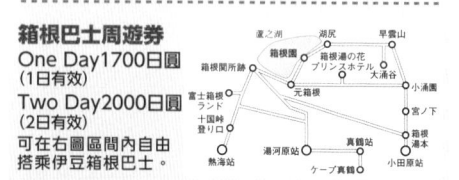
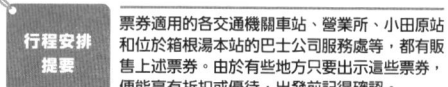
One Day 1700日圓
（1日有效）
Two Day 2000日圓
（2日有效）
可在右側區間內自由搭乘伊豆箱根巴士。

行程安排提要

票券適用的各交通機關車站、營業所、小田原站和位在箱根湯本站的巴士公司服務處等，都有販售上述票券。由於有些地方只要出示這些票券，便能享有折扣或優待，出發前記得確認。

仙石～御殿場站間的路線巴士平日有6班，週末假日2班，雖然很少，但若持有箱根周遊券，也可利用小田急箱根高速巴士（僅山之飯店～桃源台～御殿場站間）。

觀光設施繞行巴士1天10班，從瀨地花園前方延長行駛至御殿場PREMIUM OUTLETS。

國道1號若壅塞，轉乘平行的箱根登山電車比較快速。

從小田原站站、箱根湯本站、強羅站發車往元箱根、元箱根港方向不停靠，敬請注意。

箱根登山巴士經由箱根新道的班次平日僅自元箱根港發車，駛往湯本站、小田原站。週末假日才會行駛反方向的班次，自湯本站發車，前往元箱根港。

伊豆箱根巴士行經箱根新道的班次，路線僅有箱根園發車，行經元箱根及箱根町前往小田原站，每日行駛。部分班次可在箱根湯本站下車。反方向的班次僅有在特定季節才會行駛1班。

交通指南 ● 箱根當地的交通方式

往新宿站
往御殿場プレミアム・アウトレット

圖　例

箱根登山電車

伊豆箱根巴士

小田急箱根高速巴士
東海巴士橙色接駁車
箱根登山電車

定期觀光巴士

まるごと箱根号　4980日圓　　　　　　(2018年6月時)

箱根登山巴士　☎0465-35-1271（預約・洽詢）

箱根湯本站出發10:00→大平台→宮之下溫泉→小涌園→箱根關所及資料館（恩賜箱根公園自由參觀）→元箱根（午餐自理）→箱根海盜船→桃源台→（◆箱根空中纜車）→◆大涌谷→早雲山→（箱根電纜車）→※強羅站→甘酒茶屋→抵達箱根湯本站15:50→鈴廣魚板村→抵達小田原站16:30　◆逢箱根空中纜車暫停營運時變更為箱根玻璃之森美術館　※6／16～7／15的平日會從強羅站搭乘「繡球花電車」，要在箱根湯本站結束行程也OK。

洽詢	
巴士	
箱根登山巴士（小田原營業所）	☎0465-35-1271
〃　（宮城野營業所及觀光設施繞行巴士）	☎0460-86-0880
伊豆箱根巴士（小田原營業所）	☎0465-34-0333
〃　　（熱海營業所）	☎0557-81-8231
〃　（湯河原站前服務處）	☎0465-62-2555
電車・空中纜車・船	
箱根登山鐵路鐵道部（箱根登山電車及電纜車）	☎0465-32-6823
箱根空中纜車（桃源台站）	☎0460-84-8439
箱根　駒岳空中纜車（箱根園）	☎0460-83-1151
箱根海盜船	☎0460-83-7722
箱根　蘆之湖觀光船	☎0460-83-6351

駕車前往箱根

因為是鄰近首都圈的區域，所以開車非常便捷。但是出入的道路有限，觀光旺季時要做好會塞車的心理準備。

箱根周邊的收費道路

小田原厚木道路(全線)	720日圓
MAZDA Turnpike箱根收費道路(箱根小田原本線)	720日圓
MAZDA Turnpike箱根收費道路(箱根伊豆聯絡線)	150日圓
西湘外環道(西湘二宮~箱根口)	260日圓
蘆之湖Sky Line收費道路(本線=一般區間)	620日圓
蘆之湖Sky Line收費道路(湖尻線=特別區間)	100日圓
箱根Sky Line	360日圓

行程安排提要
塞車熱點在箱根新道入口附近、國道1號和國道138號匯流的宮之下十字路口附近、國道1號線的元箱根附近、東名高速公路的御殿場交流道附近等。此外，每年1月2、3日都會舉辦箱根驛傳，因此會有交通管制。

租車

新幹線停車的小田原、熱海和三島站提供車站租車服務，欲租車恣意悠遊箱根地區者，可利用這些車站。

洽詢	
日本道路交通資訊中心(全國代表號)	☎ 050-3369-6666
東名高速公路資訊	☎ 050-3369-6763
神奈川資訊	☎ 050-3369-6614
靜岡資訊	☎ 050-3369-6622
NEXCO中日本客服中心	☎ 0120-922-229

・記載高速公路及收費道路的費用為普通車使用ETC的通行費。
・使用ETC時，在特定日期和通行時間可享優惠。
　詳細資訊請至NEXCO中日本網站查詢確認。

鐵路&租車套票(JR各公司)

若先透過網路或電話預約車站租車，之後至JR車站的綠色窗口等，一起購入JR車票與車站租車券，即可享有JR車票的折扣。設有使用條件，必須乘坐JR車站移動201km以上，或最初先搭乘JR，自出發站至提供車站租車的車站，必須相距101km以上。符合條件者，同一行程中的所有乘車者，即可獲得JR運費8折，租車費用九折(希望號、瑞穗號除外)的優惠。但，4/27~5/6、8/11~20、12/28~1/6不提供折扣。

⊕ 交通小秘辛

浪漫特快・VSE

小田急的象徵「白色浪漫特快」。車內採沉穩的暖色調，理所當然設有瞭望座位，甚至還有沙龍，裡頭是倆倆面對面的四人座位。普通座位區提供推車販賣服務，座椅還朝窗邊傾斜5度。每日有3~6班的往返班次，不妨來看看試試運氣？

前面瞭望席

小田急浪漫特快的「瞭望席」誕生於昭和38(1962)年。建議盡量要坐到這個座位，會替箱根之旅增添樂趣。浪漫特快是在乘車1個月前的10時起開放預訂，由於設有「瞭望席」的列車只有4節車廂，因此瞭望席的票券一票難求。

繡球花電車

箱根登山鐵路沿線約有1萬株的繡球花，全是職員親手栽種，每年6月中旬~7月中旬，都能讓乘客大飽眼福。此外，夜間替繡球花打燈後，也預定會有「繡球花電車」穿梭(預約制)其中。

箱根經典黃金路線

搭乘登山電車、纜車、空中纜車(維修日會行駛接駁公車)、海盜船和巴士，巡繞箱根湯本站~強羅站~早雲山站~桃源台~元箱根港~箱根湯本站，這樣的行程人稱「箱根經典黃金路線」，十分熱門。旅途中不斷換乘各式交通工具，大人也會樂在其中。

箱根湯本站

平成21(2008)年完成翻修的箱根玄關城鎮，是由小田原地區前往強羅地區時，必須於此換車。站內附設箱根觀光設施宣傳小冊專區、伴手禮專區，甚至還提供行李配送服務(收費)，將行李運送至住宿地。販售期間限定麵包的箱根カフェ也十分受歡迎。

空中漫步的超強後盾

仔細觀察箱根空中纜車的構造，會發現車廂垂著兩條鋼索。這稱為複式單索系統，是讓2條鋼索的間距大於車廂寬度，穩定車廂，因此耐強風為一大特徵。據說可耐30m的風速，相當驚人。

箱根登山系統與伊豆箱根系統

「箱根登山系統」是用來稱呼小田急集團的交通機關，旗下有箱根登山電車、箱根登山巴士、箱根空中纜車和箱根觀光船(海盜船)等。相對於此，「伊豆箱根系統」是用來稱呼西武集團的交通機關，經營的有伊豆箱根巴士、駒岳空中纜車、蘆之湖觀光船等。能適用的票券也不同，請注意。

早川橋梁(出山鐵橋)

搭乘登山電車離開塔之澤站，穿過隧道後，就會通過一座鐵橋，度過令人腳軟的山谷時，必須於此換車。早川橋梁通稱「出山鐵橋」，過去是東海道本線的橋梁，橫跨在天龍川上。列車暫停在出山信號所，進行首次之字形行駛時，從車內可以俯瞰綠色的鐵橋。

三線軌道

箱根登山鐵路在小田原~箱根湯本之間，要銜接鐵路寬不同的小田急線時，採用並排3條軌道的三線軌道。現在，只有小田急的車輛行駛這個區間，但登山電車的車庫位在入生田，因此和箱根湯本之間就留存了在日本也很罕見的三線軌道。

旅遊箱根前的相關
小知識

介紹與箱根相關的連續劇和祭典，讓旅行變得更加有趣。
同時也來認識一下當地的四季花卉和活動吧。

電視連續劇的拍攝地

箱根歷史悠久的寺院、洗鍊的餐廳和美術館，也時常成為電視連續劇的拍攝場景。

早雲寺【江～戰國三公主】

小田原北條家歷代的菩提寺。寺方也收藏眾多美術、工藝品等的文化財。在大河劇《江～戰國三公主》中也有介紹。

早雲寺 **DATA** ☞P44

雕刻之森美術館
【蜂蜜幸運草】

描述一群美術大學學生的青春連續劇。就讀雕刻科的森田忍(成宮寬貴)，在契約上簽名時的場景就是這裡。

雕刻之森美術館 **DATA** ☞P54

Albergo bamboo
【推理要在晚餐後】

連續劇改編自東川篤哉的同名小說。第4集女主角寶生麗子的朋友澤村有里的住家外觀就是使用此處。

Albergo bamboo **DATA** ☞P92

祭典‧活動

從國民運動賽事，到自古傳承至今的傳統儀式，箱根全年活動豐富。

1月2‧3日　箱根驛傳

以2天時間往返東京與箱根。觀賽重點在去程第5區與回程第6區，跑者必須衝過標高830m的箱根山嶺。

☎03-5411-1488(關東學生陸上競技聯盟)
※為防止意外，加油時請遵守規則和禮節

2月3日　節分祭追儺式

於箱根神社舉辦之節分祭。扮演坂田金時和御幸役的人，會在神社散福授的豆子，或在蘆之湖進行打豆儀式。

箱根神社 **DATA** ☞P82

3月上旬　仙石原芒草原燒山

為防止草原生長雜草樹木而進行的燒山，震撼力十足。燒山當日設有參觀者專用的區域。

仙石原的芒草原 **DATA** ☞P43

8月16日　箱根大文字燒

傳承超過90年的傳統活動。明星岳山腰上浮現赤紅的「大」字火燒圖文，還會施放煙火。

☎0460-85-5700 (箱根町綜合觀光服務處) 箱根町強羅 **MAP** P132C2

11月3日　箱根大名出巡

重現江戶時代的參勤交替，參與總人數超過400人的大名出巡。除出巡隊伍外，還會有吹奏樂團等的團體參加。

☎0460-85-7751 (箱根湯本觀光協會) 箱根町湯本 **MAP** P135E3

花

繽紛箱根的四季花草。杜鵑花、繡球花和芒草等，前去觀賞這片土地獨有的風景吧。

3月下旬～4月下旬
水芭蕉
箱根濕地花園(☞P74)等可作為觀賞用的多年生植物，會結出白色的大花苞。

4月上～下旬
櫻花
早雲寺(☞P44)和箱根登山鐵路大平台站附近，是賞枝垂櫻的好地方。

5月上～中旬
杜鵑花
紅、粉紅和紫色的花朵五彩繽紛，會在飯店等的庭院裡綻放(☞P42)。

6月上～中旬
山椒薔薇
於神山和駒岳周邊綻放的花朵，箱根濕地花園(☞P74)也可見到。

6月中旬～7月中旬
繡球花
箱根初夏的代表性景觀。會在箱根登山電車沿線(☞P40)等地盛開。

7月中～下旬
山百合
偌大的花朵，散發迷人香氣，可在縣立恩賜箱根公園(☞P88)等見到。

10月中旬～11月上旬
芒草
為禾本科的多年生植物，秋季七草之一，仙石原的芒草原(☞P43)遠近馳名。

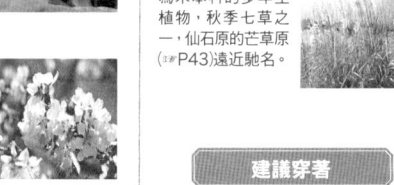
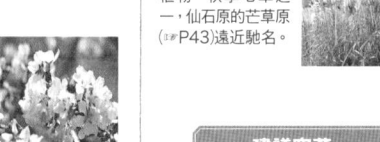

建議穿著

箱根湯本的氣候雖然和東京相差不大，但山上地區基本上會較箱根湯本低上5℃。

春 (3～5月)
由於氣溫偏低的日子還相當多，出門時攜帶外套比較好。●箱根湯本的平均溫度：13.6℃

夏 (6～8月)
初夏時手邊備有薄外套較便於行動，盛夏也有接近30℃的時候。●箱根湯本的平均溫度：6月為21.7℃，盛夏為22.8℃

秋 (9～11月)
一年中雨量最多的時候。隨身帶把傘，以備突如其來的雨勢。●箱根湯本的平均溫度：17.4℃

冬 (12～2月)
注意早晚的氣溫驟降，仙石原和蘆之湖由於驟降幅度大，請注意保暖。●箱根湯本的平均溫度：12月為6.8℃，嚴冬為4.8℃

※平均氣溫為箱根町2014年的資料

箱根美味的湧水

豐富的大自然孕育出箱根名水，水質乾淨到可用於飯店、旅館的料理和製作和菓子等。

大平台
仙元之泉
人稱長壽水的湧水。
MAP P137F4

強羅
嬰壽之命水
引自強羅的花詩本店
☎0460-82-2465前的水。●**MAP** P136C1

強羅
佳山水
湧現於和の宿 華ごころ的用地內。☎0460-82-5556 **MAP** P136A2

蘆之湖
箱根盤境之水
和心亭 豐月(☞P110)內的湧水，礦物質豐富。**MAP** P141B1

大平台
姬之水
據說小田原城公主化妝時會使用。**MAP** P137F4(個人宅邸內)

旅遊小知識 ● 旅遊箱根前的相關小知識

讀過就會理解！
箱根溫泉的相關小知識

從建議了解的溫泉基礎知識，到有效的泡湯方式，
若能通曉這些事情，選擇箱根的溫泉時就不會不知從何挑起。

> 溫泉資訊
> 請參考 P28

溫泉是什麼？

依溫泉法規範，符合下述2條件之一者，即可稱作溫泉。

❶自地中湧出達25°C以上的溫水、礦水、水蒸氣或其他氣體。

❷即使溫度未達25°C，但符合19項成分條件者。

溫泉的作用是？

去到溫泉區後，就會轉換生活環境，進而得到消除壓力、放鬆身心等各式各樣的效果。

【溫熱作用】
40°C以下偏溫的溫泉具有放鬆效果，42°C以上溫泉具有的作用則是刺激主管緊張興奮的「交感神經」。

【水壓作用】
可從靜水壓或按摩效果，促進血液循環，消除身體浮腫和疲勞。

【浮力作用】
將身體浸入水中至脖子後，體重會剩10分之1，身體也會變的容易活動。亦能利用水的阻力強化肌肉。

【化學作用】
藉由皮膚吸收溫泉內含的成分，效果可期。

溫泉的效果

即使覺得溫泉分析報告內容太瑣碎，不知該從何處理解的人，還是要確認一下溫泉分析報告書上寫的酸鹼值。

【確認酸鹼值！】
酸鹼值8.5以上為鹼性，未滿3為酸性。

すべ
すべ 何謂鹼性
據說具有去角質、光滑肌膚的作用。

到訪這裡
湯本、塔之澤、小涌谷、蘆之湖

引き
締め 何謂酸性
據說具備緊實、平整肌膚的效果。此外，也可期待殺菌效果。

到訪這裡
強羅、仙石原

🌸 回答溫泉的相關疑問 🌸

Q. 延續溫泉效果的關鍵在於？
A. 最後最好不要在盥洗池沖洗身體

溫泉成分會從皮膚滲透，若是在盥洗池沖洗，溫泉成分在滲透進皮膚前就會流失。具備保溫效果的溫泉，效果甚至會減半。

Q. 何謂100％源泉放流式？
A. 係指不加水、加熱或循環過濾的溫泉

不稀釋、煮沸、循環過濾湧出的溫泉，直接注入浴槽，溢出的泉水直接排放，這就稱為「100％源泉放流式」。意即未經人工處理的天然溫泉。

Q. 1天泡幾次溫泉較好？
A. 泡溫泉1天請控制在1～3次。

溫泉泡越多越好……並非這麼一回事。1天浸泡次數請控制在1～3次，特別是第一天，盡量以1～2次為限。一次浸泡時間為3～10分，可以額頭輕微出汗作為大致的判斷基準。

溫泉泉質

透過溫泉分析報告，確
認泉質和酸鹼值！

♨氯化物泉

ぽかぽか 手腳冰冷問題者
最適合的溫泉在這裡

由於鹽分會覆蓋肌膚表面，因此特徵在於具備良好的保
溫效果及保濕效果。口嘗一下味道，會發現多是鹹的溫
泉，鹽的殺菌效果也有助於傷口復原。此外，溫熱身體
的效果由於會長時間有效，所以亦被稱為「熱湯」。

到訪這裡 湯本、宮之下、強羅、仙石原、蛸川、底倉

♨硫磺泉

血流UP 想提升血液循環 白 想要美白者
最適合的溫泉在這裡

具有擴張微血管的作用，也可改善血液循環、消毒殺
菌。亦有消除便秘等的排毒功效，浸泡溫泉還可期待美
白效果。硫化氫類的硫磺泉，會散發類似水煮蛋的氣
味，呈現出黃白或綠白色的濁泉。

到訪這裡 姥子、湯之花澤、蘆之湯

♨單純溫泉

すべすべ 喜歡水質不刺激者
最適合的溫泉在這裡

透明無色，不會刺激身體，不容易引起長期泡湯帶來的
不適，所以從嬰兒到年長者都推薦。由於刺激性小，最
適合病後復健。酸鹼值8.5的鹼性單純溫泉，是會讓人
擁有光滑肌膚的「美膚之湯」。

到訪這裡 湯本、塔之澤、木賀、姥子、蘆之湖

♨碳酸氫鈉泉

つるつる 想去除老角質者
最適合的溫泉在這裡

碳酸氫鈉泉中碳酸氫鈉的成分會乳化角質，具備去除髒
污的效果，肌膚表面會變得光滑。此外，聽說碳酸氫鈣
泉和碳酸氫鎂泉也具有緩和、鎮定痛楚的效用。

到訪這裡 蘆之湯、姥子、仙石原、二之平、湖尻

♨硫酸鹽泉

潤 想抗老化者
最適合的溫泉在這裡

硫酸離子會幫肌膚補充大量水分，這是會給讓肌膚緊
實、水潤的返老童溫泉。鈣硫酸鹽泉，會減緩乾燥肌
膚的發癢，當中的石膏成分由於會附著在皮膚上，因此
泡完溫泉後會乾爽舒適。鈉硫酸鹽泉是保溫效果大。

到訪這裡 湯本、二之平、強羅、宮城野、姥子、仙石原、
蛸川

近來備受矚目的「硅酸鹽」是什麼？

這種成分能幫助生成膠原蛋白，常保肌膚水潤，還有
皮膚緊緻的作用，也會用於溫泉粉或化妝水。

● 切記正確的泡溫泉方式 ●

飲酒後泡溫泉要小心

剛飲酒完血管為擴張狀態，大量的血液在全身流動。
若又浸泡溫泉會加快血液流動，流向腦部的血液就會
變少，進而造成身體的負擔，必須小心。

泡溫泉前要補充水分

泡溫泉流汗後，血液將會濃縮，因此泡溫泉前必須暢
通血流。大量補充水分，還可讓溫泉成分順利在體內
循環，亦會提升溫泉效果。此外，泡完溫泉後，也要
記得補充水分。

泡溫泉前先「淋浴」

進入溫熱的溫泉前，必須要先確實「淋浴」。從腳趾等
距離心臟較遠的部位，慢慢澆淋溫泉水，讓身體習慣
水溫後，再開始泡溫泉。

泡溫泉的時間要慢慢拉長

依溫泉溫度雖有不同，但建議第1次時先泡3～10
分，待習慣後再拉長浸泡時間。第1天就當作是身體
適應溫泉的過渡期。此外為了減肥硬是長時間泡溫
泉是一大禁忌。

所謂的酸鹼值是指，藉由測定氫離子的濃度指數，顯示酸性～鹼性的強弱程度。

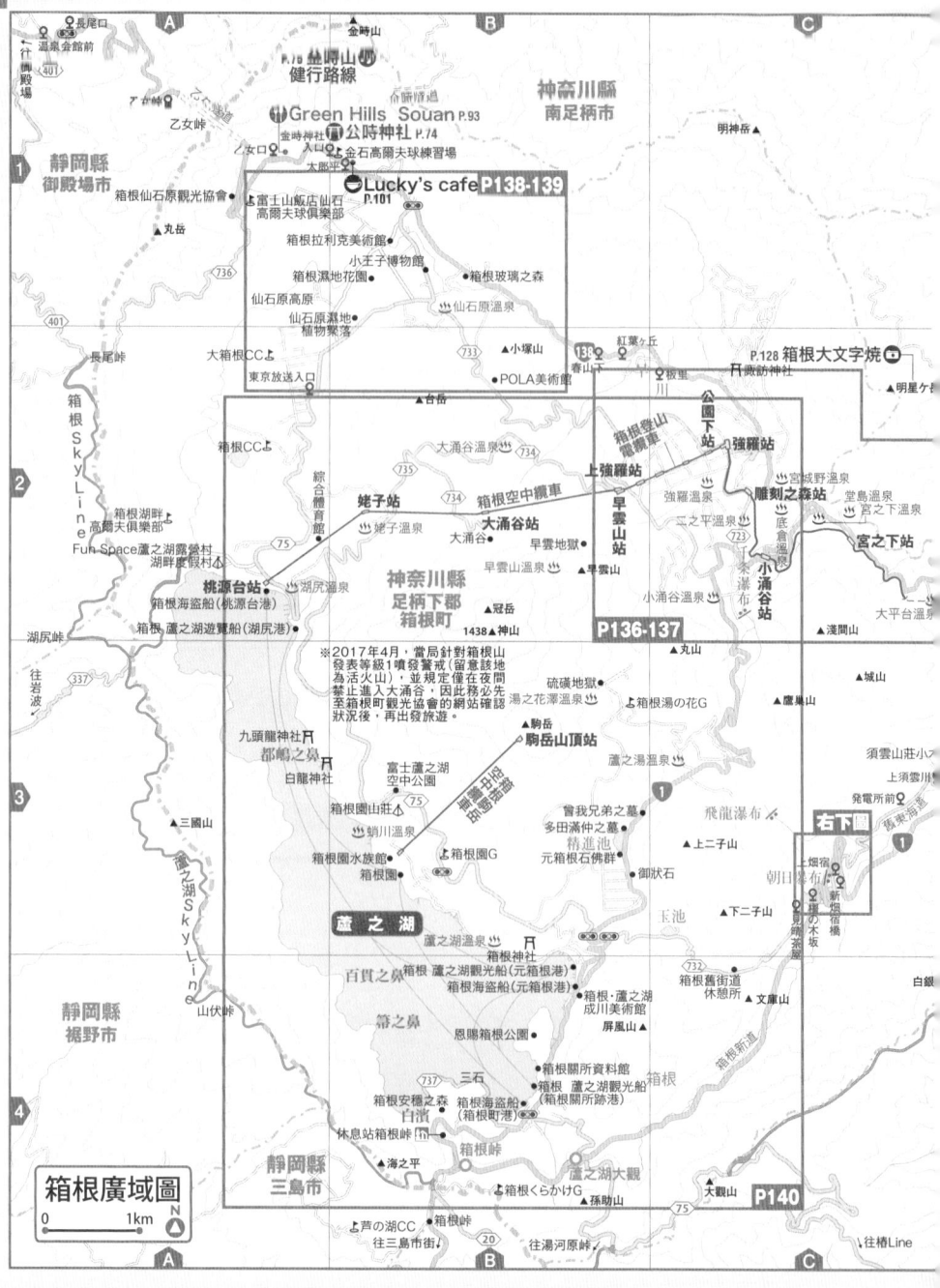

箱根廣域圖

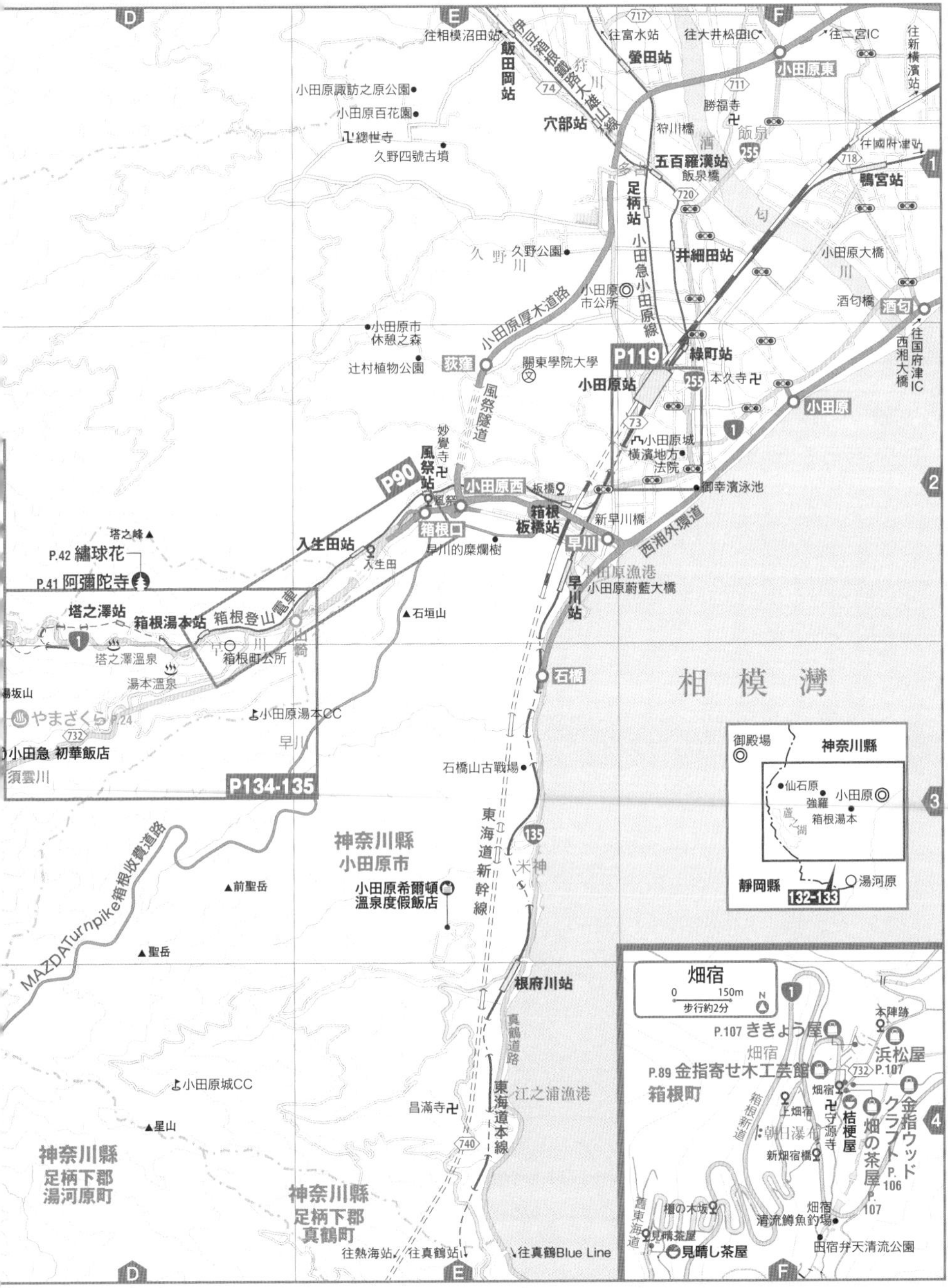

D　E　F

往相模沼田站
往富水站　往大井松田IC　往二宮IC
蜑田站
往新橫濱站
螢田站
小田原東

小田原諏訪之原公園
飯田岡站
勝福寺卍
狩川橋
小田原百花園
卍總世寺
穴部站
五百羅漢站
飯泉橋
255
往國府津IC
鴨宮站
1
久野四號古墳
足柄站
720
井細田站
小田原大橋
718
川
久野公園
久　野　川
小田原市小田急
酒匂橋
酒
小田原市公所
匂
小田原市休憩之森
荻窪
關東學院大學
小田原厚木道路
P119
綠町站
往國府津IC
西湘大橋
2
辻村植物園
風祭隧道
255
本久寺卍
小田原站
小田原
73
卍妙覺寺
小田原西
1
小田原城
御幸濱泳池
塔之峰▲
風祭站
坂橋
橫濱地方法院
P90
箱根板橋站
新早川橋
繡球花 P.42
入生田站
箱根口
西湘外環道
早川的糯欄樹
早川
小田原漁港
阿彌陀寺 P.41
入生田
早川站
小田原蔚藍大橋
塔之澤站　箱根湯本站　箱根登山
▲石垣山
石橋
相　模　灣
1
塔之澤溫泉　湯本溫泉
箱根町公所
小田原湯本CC
石橋站
やまざくら P.24
早川
御殿場
神奈川縣
小田急 初華飯店
須雲川
P134-135
石橋山古戰場
仙石原　小田原
強羅
箱根湯本
3
MAZDATurnpike箱根收費道路
神奈川縣
小田原市
135
米神
小田原希爾頓溫泉度假飯店
東海道新幹線
靜岡縣
湯河原
132-133
▲前聖岳
畑宿
0　150m
步行約2分
N
本陣跡
▲聖岳
根府川站
P.107 ききょう屋
浜松屋
小田原城CC
真鶴道路
P.89 金指寄せ木工芸館
畑宿
P.107
桔梗屋
金指ウッドクラフト
▲星山
昌滿寺
江之浦漁港
箱根町
畑の茶屋
P.106
神奈川縣
足柄下郡
湯河原町
東海道本線
740
神奈川縣
足柄下郡
真鶴町
往熱海站　往真鶴站
往真鶴Blue Line
見晴し茶屋
畑宿
清流鱒魚釣場
P.107
畑宿弁天清流公園
D　E　F

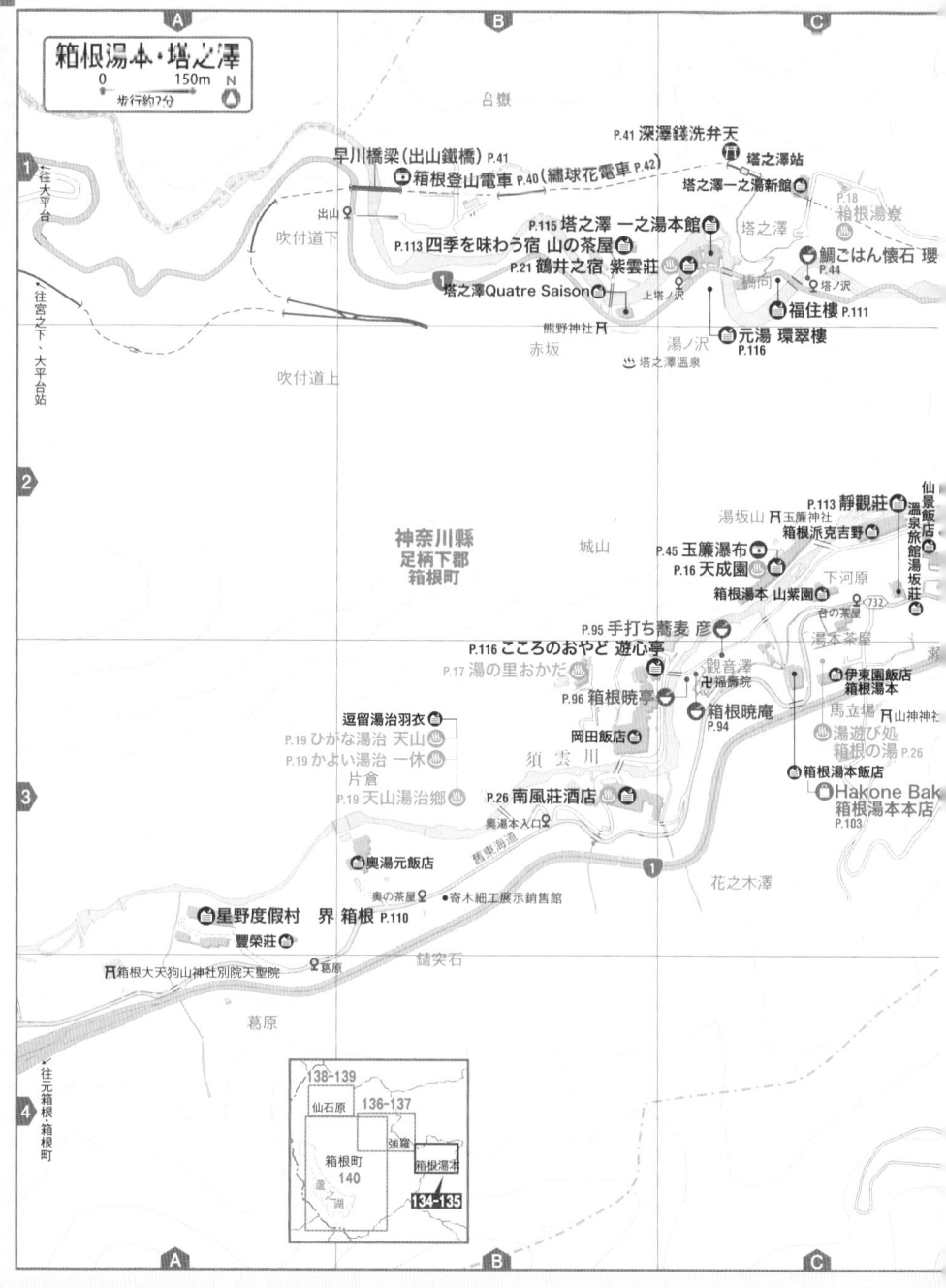

箱根湯本・塔之澤
0   150m   N
步行約7分

台嶽

P.41 深澤錢洗弁天
塔之澤站
早川橋梁(出山鐵橋) P.41
箱根登山電車 P.40 (繡球花電車 P.42)
塔之澤一之湯新館
P.18 箱根湯寮
出山
吹付道下
塔之澤
P.115 塔之澤 一之湯本館
塔之澤
鯛ごはん懐石 瓔
P.44
P.113 四季を味わう宿 山の茶屋
鯛向
P.21 鶴井之宿 紫雲莊
塔ノ沢
塔之澤Quatre Saison
上塔ノ沢
福住樓 P.111

吹付道上
熊野神社
赤坂
湯ノ沢
元湯 環翠樓
P.116
塔之澤温泉

神奈川縣
足柄下郡
箱根町
湯坂山
P.113 靜觀莊
仙景飯店
溫泉旅館湯坂莊
城山
玉簾神社
箱根派克吉野
P.45 玉簾瀑布
P.16 天成園
下河原
732
箱根湯本 山紫園
音の茶屋
P.95 手打ち蕎麦 彦
湯本茶屋
P.116 こころのおやど 遊心亭
P.17 湯の里おかだ
觀音澤
伊東園飯店
箱根湯本
逗留湯治羽衣
卍福壽院
P.96 箱根曉亭
P.19 ひかな湯治 天山
山神神社
P.19 かよい湯治 一休
箱根曉庵
馬立場
片倉
P.94
湯遊び処
岡田飯店
箱根の湯 P.26
P.19 天山湯治郷
須雲川
箱根湯本飯店
Hakone Bak
P.26 南風莊酒店
花之木澤
箱根湯本本店
奥湯本入口
P.103
1
奥湯元飯店
奥の茶屋 寄木細工展示銷售館
星野度假村 界 箱根 P.110
豐榮莊
箱根大天狗山神社別院天聖院
葛原
錘突石
葛原

往元箱根・箱根町

138-139
仙石原 136-137
強羅
箱根町 箱根湯本
140
134-135

箱根MAP ●箱根湯本・塔之澤／箱根湯本站周邊

D　　　　　　　　E　　　　　　　　F

往小田原・入生田站
往小田原
往小田原・箱根口

1

● 山崎

茶ノ花

三枚橋
三枚橋　　東三枚橋
1　　三枚橋
早川
前田

● 三枚橋發電所

下蘆

箱根湯本站
箱根駅
箱根北原玩具博物館
町立郷土資料館
箱根町公所
下蘆
732
後山

熊野神社
温泉場入口
湯本小學
明日香飯店
神明町
湯本郵便局
箱根湯本郵局

🍴箱根かれー 心 P.44
🍴木のぴーHouse P.44

2

彌榮館
喜仙荘
🏠Mile Coeur
祥月 P.114
湯本中宿
早雲公園前
箱根 花紋
白山神社
箱根金湯苑
正眼寺
あうら橘
曾我堂
養生館春之光
石垣神社
上町
仲町
箱根新道
中茶屋

♨ 湯本温泉

往塔之澤
箱根登山電車
P.37 箱根カフェ ●
P.37 箱根カフェ スイーツショップ ●
P.37・105 箱根の市

箱根湯本站

箱根大名出巡 P.128
P.45 田雅重

湯本駅
⊗
箱根町綜合觀光服務處
見晴荘

🍴sagamiya P.45

3

往塔之澤
天然温泉ご入浴・休憩処和泉
箱根北原玩具博物館 P.38
P.45 竹いち
P.38 料理茶屋花さがみ
喫茶ユトリロ
P.44 はこね中村家

PICOT 湯本站前店 P.103
菊川商店 P.45
🍴Trattoria ORTENSI P.39
丸嶋本店 P.45
村上二郎商店 P.45
ひより箱根湯本店 P.45
箱根水明荘
箱根焙煎珈琲 P.45
湯葉丼の店 直吉 P.97
足湯 P.39

P.21 湯本富士屋飯店

増富旅館
P.97 知客茶家
萬翠樓 福住
茶房うちだ P.101
熊野神社
平賀敬美術館 P.44
P.21 吉池旅館
⛩STEAK HOUSE YOSHIIKE P.44

日産租車

ちもと P.104
茶のちもと P.38
ホテル河鹿荘
そば茶屋 はつ花本店 P.94
豆腐処萩野 P.97
白石下
早
川
季節の雑貨 折折 P.39
洋食スコット P.39
箱根道中 弥次喜多の湯 P.27

湯本小學 ⊗

P.44・128 早雲寺

4

箱根湯本站周邊
0 ━━━ 75m
步行約1分 N

D　　　　　　　　E　　　　　　　　F

135

宮之下・強羅
0　150m
步行約2分
N

P.42 早川堤的櫻花
神奈川縣企業廳早川水閘所
早川
明神平
住仙石原
宮城野
金太郎の湯 P.26
宮城野
箱根宮城野郵局
宮城野
支所前
ばんのみみ P.60
箱根之森

P.24 SPA IZUMI
往仙石原
こもれび坂
ひめしゃら
林道入口
箱根麥森美術館
強羅夢之湯
ホテルマロウド箱根
P.23 桐谷箱根荘
P.117 箱根凱悦
Spa度假村
ラフォーレ倶楽部
箱根強羅湯の棲
東雲寺
綠色廣場哈康酒店
強羅
paSeo P.61
佳山水 P.129
和の宿 華ごころ
佳山水
飯店
上強羅站
早雲山駅
早雲山駅
白湯之宿
山田家
P.22
強羅花扇
強羅花扇早雲閣

宮程野湧水中心
宮城野橋
強羅溫泉
強羅温泉
(733)
箱根強羅溫泉
樂樂花 P.23
P.60 箱根寫真美術館
公園上站
箱根美術館
箱根強羅旅庵
香音-Kanon-
公園上站
P.60 箱根寫真美術館
中箱根美術館
紀州鐵道
箱根強羅飯店
強羅
站
P.42 苔庭
P.43 楓紅
翠光館
CAFE RESTAURANT 旬菜
強羅公園

P.116 強羅天翠
箱根強羅觀光協會
強羅站
箱根銀豆腐 P.61
櫻休庵 別邸 凛
P.61 石川菓子舖
山路 P.60
P.40·60 箱根強羅公園
強羅環翠樓 P.111
強羅 花詩 P.61
スイートヴィラ
箱根強羅公園
強羅花壇
四季倶楽部
強羅Style
P.60
雕刻之森駅
KKR 箱根
宮之下
雕刻之森
箱根中
影刻の森
影刻の森駅
二之平温泉
二の平
二の平
P.54·128 雕刻之森美術館
木賀溫泉
木賀
ヤツソバ
宮城野溫泉
木賀の里
138

田むら
銀かつ亭 P.98
宮城野橋
木賀坂下
箱根登山
電纜車

ウィスタリアンライフクラブ
ヴェルデの森
P.113 箱根料理宿 弓庵
ヴェルデの森
山王神社
みどりの村
入口
二の平
入口
箱根町社會教育中心圖書室
新田神社

P.30 箱根小湧園 Yunessun
P.95 蕎麦 貴賓館
P.112 箱根小涌園 天悠
ユネッサン前
P.60 岡田美術館
P.116 三河屋旅館
小涌谷溫泉
小涌園
小涌谷溫泉
蛇骨野
小涌谷站
箱根町
消防本
小涌谷駅
箱根小涌谷溫泉 水之音 P.116
蓬萊園的杜鵑花 P.42
箱根小涌園 美山楓林
千條旅館
蓬萊園
千条瀑布
往元箱根

箱根伊利卡薩 Spa飯店 P.20

箱根自然薯の森 山薬 P.61

S.M.SHIBA 美術商 芝商店 P.48　夢想橋 P.31

堂島溪谷 歩道 P.60

木賀温泉入口

蛇骨川

箱根てのゆ P.17

ホテル前
宮の下

ギャルリー蔵 P.61

BAKERY & SWEETS PICOT本店 P.53・102

P.103 Watanabe Bakery

P.61 豊島豆腐店

やまゆ P.48

川邊光栄堂 P.104

P.61 天ぷらじゅらく

(2018年4月起開 装修工程敬業2年)

Café de motonami P.100

太閤澤布

底倉温泉

P.50 富士屋飯店

常泉寺

神社下

宮ノ下温泉

エクシブ箱根離宮

堂島温泉

底倉

そこくらの湯 つたや

P.49 嶋写真店

「縁」 P.49

箱根吟遊

山畑沢

熊野神社

Ginyu Spa P.25

月廼屋旅館

富士箱根交通

宮之下 観光服務處

いろり家 P.99

宮之下温泉

1

湯の宿 遊月

P.61 Coffee House An

NARAYA CAFE P.49

宮之下站周邊

0　　　75m N
往小涌谷

往小涌谷

P.49 宮ノ下食堂　森メシ P.

宮之下站

往大平

138-139

136-137

仙石原

強羅

箱根町 140

箱根湯本 134-135

蘆之湖

神奈川縣 小田原市

木賀温泉入口

ホテル前
宮の下

堂島温泉

温泉
民倉

常泉寺

宮ノ下温泉

熊野神社

宮之下

宮之下温泉

宮ノ下

宮ノ下站

根時之雫日式旅館 P.111

「四季之湯座敷」武藏野別館 P.116

箱根登山電車 (繡球花電車)

早川

大平台站

大平台駅

大平台

神奈川縣 足柄下郡 箱根町

大平台温泉

1

たきい旅館

大平台綜合診所

P.105

P.129 仙元之泉

箱根角山 P.129

P.105 辻国豆ふ店

姫之水 P.95・129

往箱根湯本

▲淺間山

往塔之澤站・箱根湯本

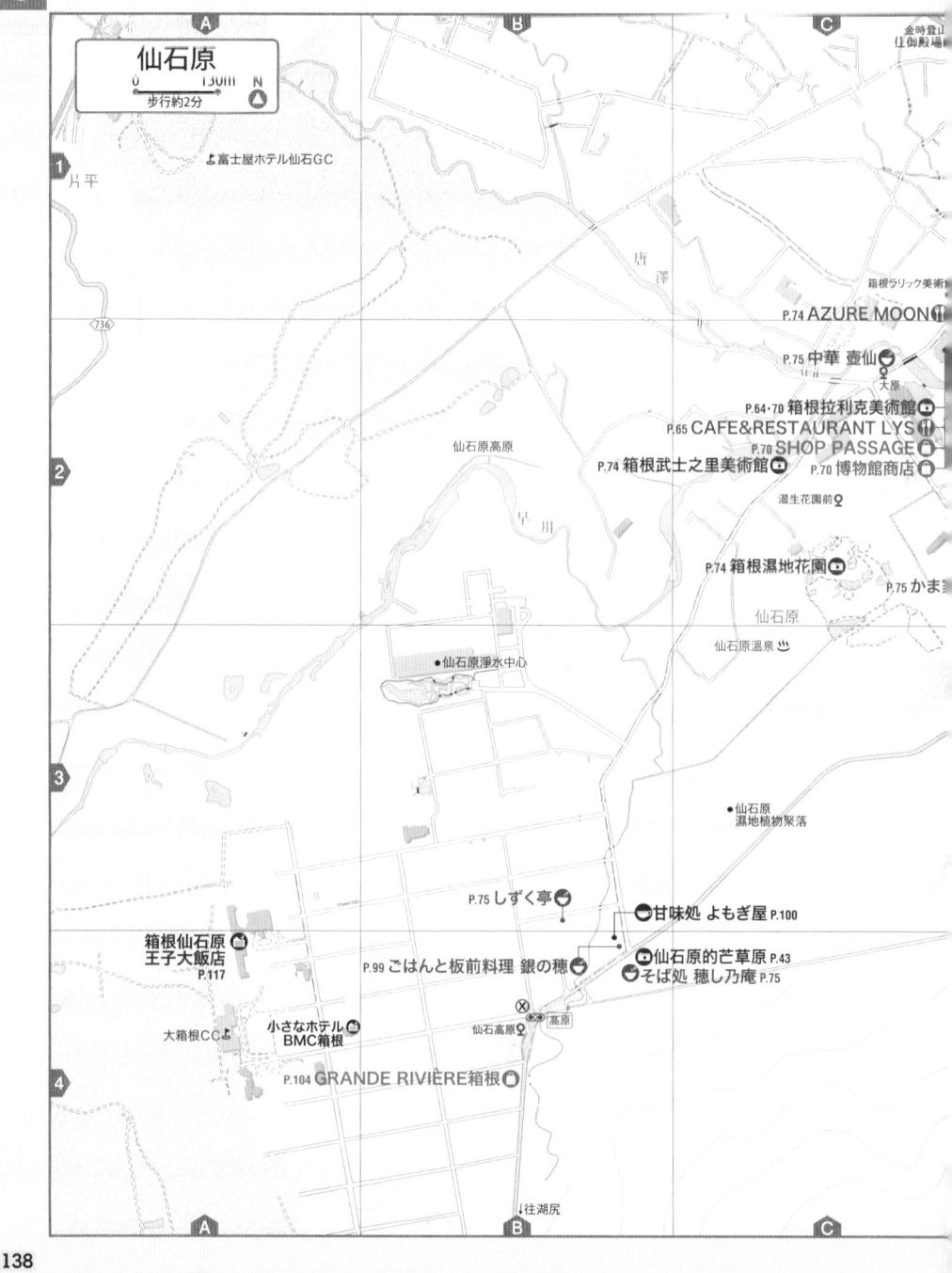

D

E

F

下向

卍諏訪神社

卍長安寺

仙石

仙石原旅館服務處

長安寺的

紅葉 P.43

仙石 仙石原

笹尾

アキビ沢

沢向

卯花尾

138-139

仙石原 136-137

強羅

箱根町 箱根湯本

芦ノ湖 134-135

箱根MAP●仙石原

せりざわ荘

石案内所前

🍴 **NEO BISTRO LE VIRGULE** P.93

仙石原郵便局

仙石原小

🍴 **腸詰屋**

箱根仙石原店 P.75 鱈丸

🍴 **相原精肉店**

P.105 仙石原小学校前(下車専用)

押出

湯屋やまざくら

仙石原文化センター前

🍴 **SOLOPIZ゛Z゛A** P.74

牛坂

140

1

川涌の湯

マウントビュー箱根

仙石原永井醫院

🍴 **Albergo bamboo** P.92・128

🍴 **仙石窯** P.74

🍴 **じねんじょ蕎麦 箱根 九十九** P.75

🍴 **月之花 梟** P.117

🍴 **Trattoria Il Piacere** P.74

P.74 **La Foret** 🍴

品の木・

箱根ハイランドホテル

🍴 **仙石原品之木 一之湯** P.27

🏛 **博物館商店** P.71

🍴 **CAFFÉ♪RISTORANTE La CanZone** P.69

俵石

2

小田急高原飯店

P.117

川向・星の王子さま

ミュージアム

🏛 **小王子博物館**

P.68

138

箱根ガラスの森

🏛 **箱根玻璃之森美術館**

P.69・71

俵石・箱根ガラスの森前

大澤向

卍月桂寺箱根別院

🍴 **Restaurant Le Petit Prince** P.69

🍴 **五億の鈴** P.71

小塚入口

おくど茶寮

利休庵

リ・カーヴ箱根

仙郷楼前

温泉旅館みたけ

四季倶楽部 フォレスト箱根

箱根復健醫院

きたの風茶寮

台ケ岳

仙郷楼

🍴 **箱根オーベルジュ 漣-Ren-**

🍴 **四季倶楽部 箱根和の香** P.115

別邸 奥の樹々

3

🍴 **金乃竹**

P.117

元湯温泉

大井平

733

▲小塚山

小塚山

4

🏛 **博物館商店** P.71

🍴 **Array** P.75

☕ **CAFE TUNE** P.66

🏛 **POLA美術館** P.66・71

往強羅 ポーラ美術館

D

E

F

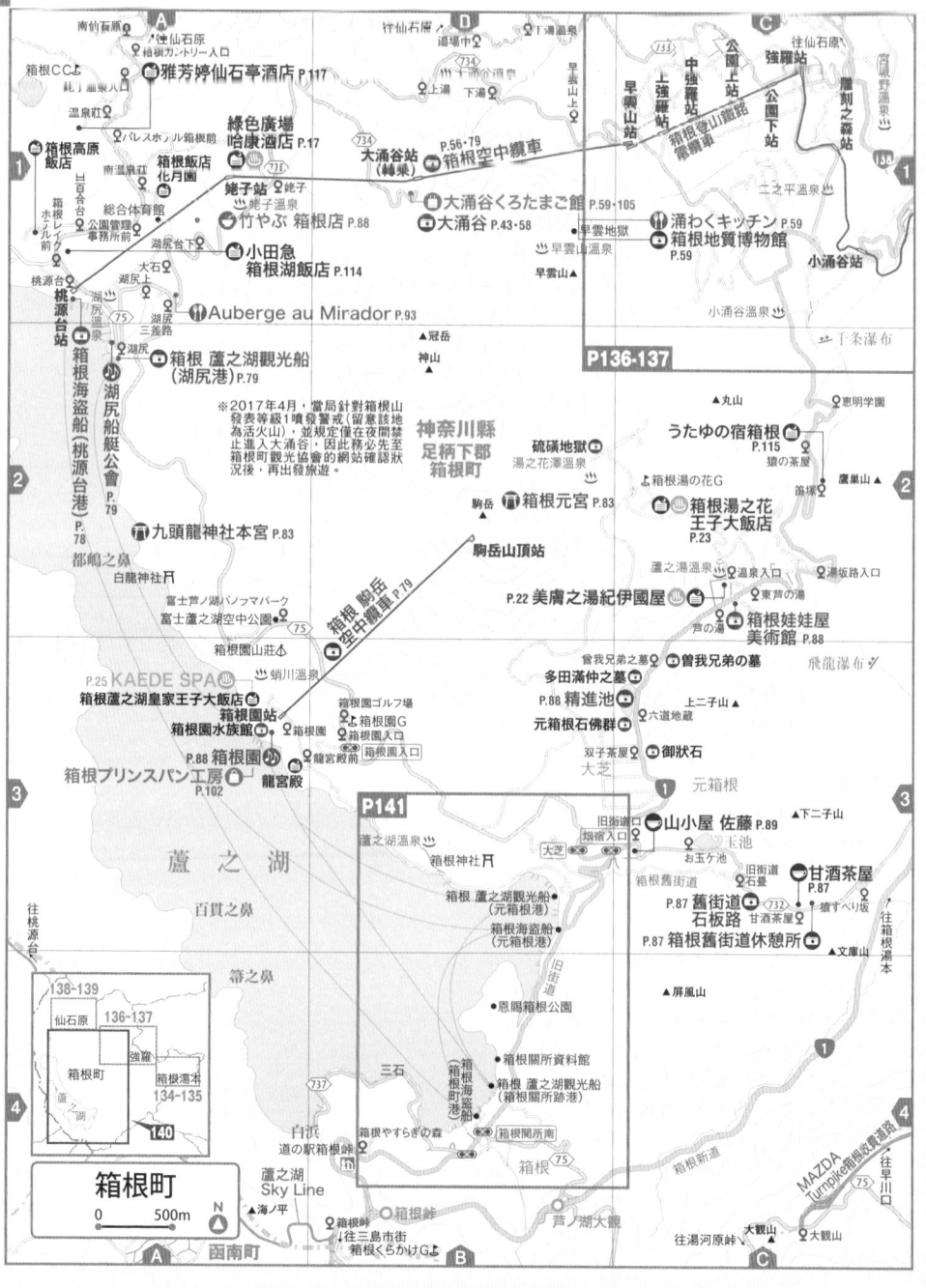

A

往湖尻・桃源台↑

往箱根園

往箱根園湖尻

↓往桃源台

蘆之湖溫泉

P.89 Vel Bois

P.42 杜鵑花庭園

P.25 SPA MONTAGNE

P.117 小田急山之飯店

箱根小田急 山之飯店

P.81 Salon de the ROSAGE

B

雄喜苑 P.88

P.95 龍神水

P.83 九頭龍神社新宮

P.89 權現からめもち

P.128 節分祭

P.79・82 箱根神社

和心亭 豐月 P.110

P.129 箱根
盤境之水

神社上

75

大芝

曽我神社

第六天神社

神社前停車場

日吉神社

元箱根

La・Terrazza 蘆之湖 P.81

大芝停車場

八丁停車場

元箱根

C

往小涌谷

1

往甘酒茶屋

畑宿入口

大芝

畑宿入口

權現坂

舊街道石板路

玉村豐男
生活藝術博物館 P.89

肯貝爾與
巴尼之碑 P.87

箱根觀光船停車場

元箱根港

P.79 箱根 蘆之湖觀光船 (元箱根港)

P.80 Bakery & Table 箱根

P.78 箱根海盜船 (元箱根港)

P.43 逆富士觀景點

蘆之湖 P.43

さいの河原停車場

元箱根

逆富士停車場

興福院

絹引の里 P.88

第一鳥居 P.86

和菓子處 富貴 P.89

日輪寺

元箱根港

箱根蘆之湖 成川美術館 P.89

ティーラウンジ季節風 P.80

箱根支所前

塔島

P.86・88 縣立恩賜箱根公園

舊離宮遺址湖畔瞭望館

箱根舊街道杉木街道路

P.86

神奈川縣
足柄下郡
箱根町

2

往桃源台

箱根海盜船

箱根 蘆之湖觀光船

3

箱根海盜船

恩賜箱根公園停車場

恩賜公園前

箱根關所資料館 P.84

P.85 御番所茶屋

P.79・84・86 箱根關所

P.79 箱根 蘆之湖觀光船 (箱根關所跡港)

箱根人力車 P.87

關所乃茶屋 P.89

關所機關盒美術館 P.88

箱根 明か蔵 P.98

箱根飯店

箱根水テル前

本迹寺

4

畑引山▲

箱根
休憩之森

三石

737

P.78 箱根海盜船 (箱根町港)

P.99 ぼん陣

P.89 箱根驛傳博物館

箱根關所南

箱根町港

箱根宿

箱根宿 夕霧莊 P.27

匠之宿 佳松 P.117

雲助だんご本舖 總本店 P.104

茶屋本陣『畔屋』 P.101

Cafe KOMON「湖紋」 P.101

芦川入口

駒形神社

萬福寺

本還寺

蘆之湖倶樂部 P.79

往箱根峠

往箱根湯本

往箱根新道

75

箱根新道

1

蘆之湖溫泉・箱根町
0　　　150m
步行約2分
N

A　　　　　　**B**　　　　　　**C**

🍡 伴手禮店・商店　🏨 住宿施設　♨ 溫泉

143

叩叩日本
cocomiru ココミル
箱根

【 叩叩日本系列 14 】
箱根

作者／JTB Publishing, Inc.
翻譯／曾柏穎
校對／藍雯威
編輯／林庭安
發行人／周元白
出版者／人人出版股份有限公司
地址／23145新北市新店區寶橋路235巷6弄6號7樓
電話／(02)2918-3366（代表號）
傳真／(02)2914-0000
網址／www.jjp.com.tw
郵政劃撥帳號／16402311人人出版股份有限公司
製版印刷／長城製版印刷股份有限公司
電話／(02)2918-3366（代表號）
經銷商／聯合發行股份有限公司
電話／(02)2917-8022
第一版第一刷／2018年7月
定價／新台幣320元

日本版原書名／ココミル
日本版發行人／宇野尊夫

Cocomiru Series
Title: HAKONE
©2017 JTB Publishing, Inc.
All Rights Reserved.
First published in Japan in 2017 by JTB Publishing, Inc. Tokyo
Chinese translation rights arranged with JTB Publishing, Inc.
through CREEK and RIVER Co., Ltd. Tokyo
Chinese translation copyright © 2018 by Jen Jen Publishing Co., Ltd.

國家圖書館出版品預行編目(CIP)資料

箱根 / JTB Publishing, Inc.作 ；
曾柏穎翻譯. -- 第一版. -- 新北市；
人人, 2018.07
面；　公分. -- (叩叩日本系列　；14)
ISBN 978-986-461-146-1 (平裝)
1.旅遊　2.日本神奈川縣

731.72709　　　　　　　107008287
　　　　　　　　　　　　　　　　　LEE

一起開心出遊吧♪

Find us on
f 人人出版・人人的伴旅

人人出版好本事
提供旅遊小常識＆最新出版訊息
回答問卷還有送小贈品
部落格網址：http://www.jjp.com.tw/jenjenblog/